公文写作精进

从新手到笔杆子

丛勇 ◎ 著

北京大学出版社

PEKING UNIVERSITY PRESS

内容提要

本书从公文的基本概念讲起,逐步深入公文写作的基本技法与进阶技巧,并配合公文写作实战案例,针对公文写作中会遇到的真实困境提供详细、实用的解决办法,旨在帮助读者掌握公文写作的底层逻辑。

本书分为8章,介绍了公文的基本概念、格式、写作要求;公文的框架搭建方法;实际写作中易犯的错误;提升公文写作能力的实用技巧;各种公文的写作技巧及模板。

本书集系统化和实用性于一体,通俗易懂,特别适合公文写作的入门读者和进阶读者,党政机关、企事业单位的行政人员,以及写作爱好者阅读。

图书在版编目(CIP)数据

公文写作精进:从新手到笔杆子 / 丛勇著.
北京:北京大学出版社, 2025.3. -- ISBN 978-7-301-35946-4

Ⅰ. H152.3

中国国家版本馆CIP数据核字第2025S0X739号

书　　　名	公文写作精进:从新手到笔杆子 GONGWEN XIEZUO JINGJIN: CONG XINSHOU DAO BIGANZI
著作责任者	丛勇 著
责任编辑	王继伟　杨爽
标准书号	ISBN 978-7-301-35946-4
出版发行	北京大学出版社
地　　　址	北京市海淀区成府路205号　100871
网　　　址	http://www.pup.cn　新浪微博:@北京大学出版社
电子邮箱	编辑部 pup7@pup.cn　总编室 zpup@pup.cn
电　　　话	邮购部 010-62752015　发行部 010-62750672　编辑部 010-62570390
印刷者	大厂回族自治县彩虹印刷有限公司
经销者	新华书店
	880毫米×1230毫米　32开本　6.5印张　175千字 2025年3月第1版　2025年3月第1次印刷
印　　　数	1-4000册
定　　　价	59.00元

未经许可,不得以任何方式复制或抄袭本书之部分或全部内容。
版权所有,侵权必究
举报电话:010-62752024　电子邮箱:fd@pup.cn
图书如有印装质量问题,请与出版部联系。电话:010-62756370

前言

在这个日新月异、信息飞速更新的时代，公文写作已经成为职场中不可或缺的重要技能，它犹如一座桥梁，连接着各种组织和个体，能够帮助我们进行有效的沟通，准确地传递信息，提升工作效率。

公文写作是我们表达思想、传递价值、建立关系的关键手段。在政府机构、企事业单位、社会团体的工作和活动过程中，公文写作都能帮助我们更好地解决问题、实现目标。

公文写作不仅是一项技能，还是一种艺术，一种思想与表达交融的艺术。

公文写作的魅力在于其在不断发展和完善。随着社会车轮滚滚向前，我们对公文写作的要求在不断提高。公文不是文字的堆砌，而是富有情感、充满力量、精准表达的工具。

因此，笔者撰写了这本书。本书不仅介绍了公文写作的基础知识，还引入了较新的案例和实践经验，旨在帮助读者更好地理解和掌握这一技能。希望通过阅读这本书，读者能够深入了解公文写作的精髓，掌握其技巧，提升写作水平，让文字为我们的生活和工作带来更多的便利和价值。

- **本书特色**

    ※ 系统讲解：系统讲解公文写作的基础知识，包括公文的格式、语言、结构等。

    ※ 深入剖析：深入剖析各类公文，包括通知、报告、计划、总结等常用类型的写作技巧。

    ※ 结合实际：结合实际案例进行分析和讲解，帮助读者更好地理解和掌握公文写作的实际应用。

    ※ 简洁明了：语言简洁明了，行文深入浅出，适合不同层次的读者学习和参考。

- **本书主要内容**

    本书内容可以分为三部分：第一部分是基础篇，第二部分是进级篇，第三部分是实战篇。

    第一部分主要介绍公文的基本概念，从公文的框架搭建到写作中的易错点，都有详细的讲解。

    第二部分先针对公文写作中的现实痛点进行深入剖析，再介绍实用的写作技巧，帮助读者突破写作瓶颈。

    第三部分将理论与实践结合，介绍了各种公文的写作技巧，并提供模板方便读者直接套用。除此之外，通过对各类公文实例进行点评和修改，帮助读者巩固所学习的知识点。

读者在阅读本书的过程中若遇到问题,可以发邮件与笔者联系,笔者常用的电子邮箱是 congyong0101@qq.com。

● 作者介绍

北京中润长弘管理咨询有限公司合伙人,大连理工大学工商管理硕士。曾从事公文写作工作十余年,积累了丰富的写作经验;如今从事企业咨询工作,服务企业数百家,撰写公文上千篇,总结出独特的公文写作体系。

第1篇 基础篇

第1章 公文基础,构建公文基石

1.1 公文的基础知识 003
1.1.1 公文的基本概念与定义 003
1.1.2 公文的特点与分类 004
1.1.3 公文行文规则及要求 006

1.2 新人的写作困境 010
1.2.1 起步艰难,批评如影随形 010
1.2.2 毫无头绪,努力却不得要领 011
1.2.3 效率极低,被追着要稿子 011
1.2.4 脸皮特薄,写作藏着掖着 012
1.2.5 不会阅读,无法判断文章好不好 013

第2章 从头开始,步步为营

2.1 撰写提纲,绘制写作蓝图 016
2.1.1 明确主题,思考清楚再动笔 016
2.1.2 优化提纲,条理清晰有美感 017
2.1.3 先搭架子,遇到难点可作标记 018
2.1.4 材料安排,文章内容要充实 020

2.2 标题拟得好,文章成一半 023
2.2.1 标题设计,层次分明 023
2.2.2 拟写标题,牢记"准""新""精" 025

2.2.3　公式助力，秒写标题 028
2.3　金句用得好，写作没烦恼 **030**
　　　2.3.1　金句积累，建立素材库 030
　　　2.3.2　金词创新，增强表达力 030
　　　2.3.3　金句改写，保持新颖感 032
2.4　借鉴与创新，"抄"出新意 **034**
　　　2.4.1　放平心态，"抄"也是学习 034
　　　2.4.2　把握尺度，有些材料不可"抄" 035
2.5　谋篇布局，掌握横纵逻辑 **037**
　　　2.5.1　横向布局，条理清晰 037
　　　2.5.2　纵向布局，逻辑连贯 039

第 3 章　常见陷阱，谨防"细节失误，全局受损"

3.1　标点错误，让公文失去专业性 **042**
3.2　用词不准，一读全是歧义 **045**
　　　3.2.1　用词随意，褒贬掺杂 045
　　　3.2.2　语音歧义，务必警惕 046
　　　3.2.3　滥用修辞，破坏文风 047
3.3　逻辑混乱，公文变废纸 **049**
　　　3.3.1　高谈阔论，全是空话 049
　　　3.3.2　非此即彼，非黑即白 052
3.4　细节不注意，步步全是坑 **054**
　　　3.4.1　乱用生僻字，领导出洋相 054
　　　3.4.2　反复做修改，初稿给领导 055
　　　3.4.3　标注太模糊，领导看不懂 055
　　　3.4.4　文稿篇幅长，领导读不完 056
　　　3.4.5　称谓太夸张，大家都尴尬 056
　　　3.4.6　出席顺序错，必然遭批评 057

第 2 篇 进级篇

第 4 章 突破瓶颈，提升写作水平

4.1 公文改了无数次，领导还是不满意 061
- 4.1.1 熬夜的付出与被忽视的无奈 061
- 4.1.2 理解需求与实际操作的误差 062
- 4.1.3 沟通不足，成稿与需求南辕北辙 063
- 4.1.4 改稿太"折磨"，总是想放弃 064
- 4.1.5 只做表面工作，自己骗自己 065
- 4.1.6 没有人指导，自我提升太艰难 066
- 4.1.7 不会自我加压，缺乏内在驱动力 067

4.2 想得太多写得太少，效率太低怎么办？ 070
- 4.2.1 不知该快还是慢，难以把握节奏 070
- 4.2.2 轻重缓急分不清，凡事都想求完美 071
- 4.2.3 材料选择太纠结，时间精力都浪费 072

4.3 自我感觉良好，领导评价却不高 074
- 4.3.1 内容空洞，写得太"虚" 074
- 4.3.2 事件堆砌，过于死板 077

第 5 章 技巧磨炼，打造精品公文

5.1 掌握写作技巧，又快又好写公文 080
- 5.1.1 学会鉴别，快速精进 080
- 5.1.2 减法原则，精简有序 081
- 5.1.3 一字之差，谬以千里 083
- 5.1.4 高瞻远瞩，提升站位 085

5.2 具备大局思维，完善全局视角 087
- 5.2.1 写作有依据，避免内容含混不清 087
- 5.2.2 多技巧结合，长篇写作不慌不忙 088
- 5.2.3 内容与形式并重，好文章经得起推敲 089
- 5.2.4 立足全局找问题 091

5.3 学会搜索素材 093

5.3.1 使用 site 命令 093
 5.3.2 建立专属素材库 095
5.4 "行话"、机关用语要掌握 097

第 6 章 分门别类学习，掌握底层逻辑

6.1 工作思路，找准路径 100
 6.1.1 领导心思，化暗为明 100
 6.1.2 跟紧领导，别掉队 101
6.2 工作总结，亮点呈现 104
 6.2.1 总揽全局，总结经验 104
 6.2.2 重点内容要选好 105
 6.2.3 总结要全，但要避免写成"流水账" 106
 6.2.4 个人计划要具体 107
6.3 述职报告，言之有物 111
 6.3.1 述职报告与工作总结傻傻分不清 111
 6.3.2 述职先找"职"，不能错位 112
 6.3.3 自我成长是关键 113
 6.3.4 真诚自信，具体生动 114
6.4 讲话稿，定位要准 116
 6.4.1 场合不同，身份不同 116
 6.4.2 追求出彩，写出新意 118
 6.4.3 贴近群众，讲"白话" 119
 6.4.4 真情实感，体现情怀 120
 6.4.5 顺应时代，把握时序 121
 6.4.6 适度调剂，激发兴趣 124
6.5 先进事迹，掌握分寸 126
 6.5.1 突出重点，避免罗列 126
 6.5.2 把握分寸，尊重事实 128
 6.5.3 以小见大，挖掘平凡中的伟大 130
6.6 调研报告 135
 6.6.1 了解调研的重要性 135
 6.6.2 选题误区要避免 136

6.6.3	调研方法要得当	 137
6.6.4	调研时机要抓好	 139

第 3 篇 实战篇

第 7 章　常用文种写作技巧

7.1　法定公文写作技巧 143

- 7.1.1　通知、通报和通告的写作技巧及模板 143
- 7.1.2　请示、报告和批复的写作技巧及模板 147
- 7.1.3　决议、决定和命令的写作技巧及模板 152
- 7.1.4　公报、公告、意见的写作技巧及模板 155
- 7.1.5　议案、函（公函）和纪要的写作技巧和模板 159

7.2　公文常见错误修改 165

- 7.2.1　评改《关于公司办公室搬迁的通知》 165
- 7.2.2　评改《关于参加"2024 年度全国科技创新大会"的邀请函》 167
- 7.2.3　评改《关于表彰市优秀企业的通报》 168
- 7.2.4　评改《联合贸易公司批准请示的批复》 170
- 7.2.5　评改《关于申请购置新设备的请示》 173
- 7.2.6　评改《关于增加教师编制的请示》 175
- 7.2.7　评改《关于加强重点学科建设的意见》 176
- 7.2.8　评改《关于实施城市垃圾处理改进方案的议案》 180

第 8 章　案例分析——勇敢走上舞台

- 8.1　点评《2024 年抓基层党建工作述职报告》 184
- 8.2　点评《××市公共交通系统优化策略调研报告》 188
- 8.3　点评《保护××市古城建筑讲话稿》 191

附　录　笔记簿

第 1 篇
基础篇

在深入探讨公文写作的奥秘之前,我们需要先了解公文写作的基础知识。公文是一种具有特定格式、写作时需要遵循明确的写作规范的文种,写作目的是准确地表达思想、传递信息。在基础篇中,我们将重点介绍公文的基本概念、特点和格式,以及公文写作的难点、写作能力提升技巧。

第 1 章

公文基础，构建公文基石

在第 1 章中，我们将重点介绍公文的基本概念与定义、特点与分类、行文规则与要求，以及新人的写作困境。

1.1 公文的基础知识

学习公文写作,要从公文的基本概念及写作要求学起。只有充分了解不同类型的公文的格式,掌握其标准的结构布局与行文逻辑,才能为写作之路打好基础。

 ### 1.1.1 公文的基本概念与定义

公文是一种正式的文书,是法定机关与组织在公务活动中按照特定的体式、经过一定的处理程序形成和使用的书面材料,全称为公务文书,又称公务文件。

很多人认为,公文多在给高层领导汇报工作时使用,但实际上,我们日常所写的通知、通报、报告、请示、批复等都属于公文。公文不仅是组织、个体沟通的桥梁,更是个人思维逻辑、表达能力的直观体现。笔者所接触的企事业单位的领导,管理能力或许有高有低,但公文写作能力及对此能力的重视度都极高。

从概念上说,公文即公务文书,是党政机关、群众团体、企事业单位沟通、协调和处理各种关系、办理各项公务的文章。实际工作中,公文泛指公务活动中形成和使用的一切文字材料,如领导讲话稿、工作报告、工作计划、工作总结等。

> **小提示**
>
> 不要觉得不是政府工作人员,就不需要接触公文写作。实际上,公文写作已经是每一个职场人都必须掌握的技能,公文的应用范围远比大家想象得广。

1.1.2 公文的特点与分类

作为组织内外沟通的桥梁,公文有着不可替代的重要作用。公文不仅对格式有严格要求,不同种类的公文还有着不同的语言风格和表达特点。了解公文的特点和分类,我们能够更好地理解和使用公文,提高沟通效率,取得更好的工作成果。

在十几年的公文写作过程中,笔者总结了公文的四大特点。

(1)权威性:公文的地位和内容与发文机关的权威和意志密切相关,公文所传达的信息对收文机关具有约束力,这种权威性和约束力使得公文在行政沟通和决策过程中起着至关重要的作用。

(2)时效性:公文一般会有具体的生效日期和有效期,只有在规定的时间范围内,公文才具有行政效力,一旦超过有效期,公文就会失效。

(3)政策性:公文是法定机关或其他社会组织在行使职权、处理公务时所使用的正式文件,内容往往包括发文机关对于某些问题的看法、立场和针对某些问题提出的解决措施,具有很强的指导性和约束力。

(4)针对性:公文有着精准的针对性。每篇公文都有明确的收文对象,这要求写作者充分了解收文对象的需求、关注的问题和工作的重点,根据这些要点铺陈文章、斟酌措辞。公文的写作核心在于解决问题,必须实事求是,有针对性。针对不同的收文对象,还要特别关注语言是否得体、贴切,是否符合收文对象的身份背景和认知特点。

按规范程度分,公文可分为法定公文和非法定公文。法定公文即《党政机关公文处理工作条例》中所规定的15种正式文种,具体如下。

（1）决议。适用于会议讨论通过的重大决策事项。

（2）决定。适用于对重要事项作出决策和部署、奖惩有关单位和人员、变更或者撤销下级机关不适当的决定事项。

（3）命令（令）。适用于公布行政法规和规章、宣布施行重大强制性措施、批准授予和晋升衔级、嘉奖有关单位和人员。

（4）公报。适用于公布重要决定或者重大事项。

（5）公告。适用于向国内外宣布重要事项或者法定事项。

（6）通告。适用于在一定范围内公布应当遵守或者周知的事项。

（7）意见。适用于对重要问题提出见解和处理办法。

（8）通知。适用于发布、传达要求下级机关执行和有关单位周知或者执行的事项，批转、转发公文。

（9）通报。适用于表彰先进、批评错误、传达重要精神和告知重要情况。

（10）报告。适用于向上级机关汇报工作、反映情况，回复上级机关的询问。

（11）请示。适用于向上级机关请求指示、批准。

（12）批复。适用于答复下级机关请示事项。

（13）议案。适用于各级人民政府按照法律程序向同级人民代表大会或者人民代表大会常务委员会提请审议事项。

（14）函。适用于不相隶属机关之间商洽工作、询问和答复问题、请求批准和答复审批事项。

（15）纪要。适用于记载会议主要情况和议定事项。

> **小提示**
>
> 除了上述 15 种法定公文，非法定公文也是十分重要的。非法定公文指除法定公文外的其他通用公文，如总结、简报。很多重要材料也属于公文范畴，例如，工作总结、调研报告、领导讲话稿、述职报告等。

面对如此繁多的公文种类，只有精准学习、打牢基础，才能轻车熟路地写好所有公文。

公文行文规则及要求

公文可分为上行文、平行文和下行文。上行文指下级机关向上级机关呈送的公文，如报告、请示；平行文指同级机关或不相隶属机关之间相互发送的公文，如函；下行文指上级机关向下级机关发送的公文，如命令、决定。

公文行文原则：一文一事原则、确有必要原则、严格规范原则、及时准确原则等。

公文行文要求：行文目的明确、行文内容具体、行文结构合理、行文语言得体等。

1. 公文的基本结构

公文主要由以下三部分组成。

（1）版头部分：位于文件首页的上端，包括份号、密级和保密期限、紧急程度、发文机关标志、发文字号、签发人等内容。

（2）主体部分：位于版头下方，包括标题、主送机关、正文、附件说明、发文机关署名、成文日期和印章等内容。

（3）版记部分：位于主体下方，包括抄送机关、印发机关、印发日期等内容。

2. 需要特别关注的写作要求

（1）如果需要标注份号，一般用6位阿拉伯数字，设置字号为3号，顶格编排在版心左上角第一行。

（2）如果需要标注密级和保密期限，一般用3号黑体字，顶格编排在版心左上角第二行。保密期限中的数字为阿拉伯数字。

（3）如果需要标注紧急程度，一般用3号黑体字，顶格编排在版心左上角。

（4）发文机关标志多由发文机关全称或者规范化简称加"文件"二字组成，也可以直接使用发文机关全称或者规范化简称。发文机关标志居中排布，推荐使用红色小标宋体字，以醒目、美观、庄重为排布原则。联合行文时，如果需要同时标注联署发文机关名称，一般将主办机关名称排列在前；如有"文件"二字，应当将其置于发文机关名称右侧，以联署发文机关名称为准上下居中排布。

（5）发文字号编排在发文机关标志下空二行的位置，居中排布。年份、发文顺序号用阿拉伯数字标注；年份不可简写，并注意要用六角括号"〔〕"括入；发文顺序号不加"第"字，不编虚位（1不编为01），在阿拉伯数字后加"号"字。上行文的发文字号居左空一字编排，与最后一个签发人姓名处在同一行。

（6）签发人署名由"签发人"三字加全角冒号和签发人姓名组成，居右空一字编排在发文机关标志下空两行的位置。"签发人"三字用3号仿宋体字，签发人姓名用3号楷体字。

（7）标题一般用2号小标宋体字编排于红色分隔线下空两行的

位置，一行或分多行居中排布；回行时，要做到词意完整、排列对称、长短适宜、间距恰当，标题排列应当为梯形或菱形。

（8）主送机关编排于标题下空一行的位置，居左顶格，回行时仍顶格，最后一个机关名称后标全角冒号。如主送机关名称过多导致公文首页无正文，应当将主送机关名称移至版记。

（9）公文首页必须有正文，正文一般用3号仿宋体字编排于主送机关名称下一行，每个自然段段首左空二字，次行起顶格。文中结构层次序数可以依次用"一、""（一）""1.""（1）"……一般一级标题用黑体字、二级标题用楷体字、三级标题和四级标题用仿宋体字。

（10）如有附件，在正文下空一行左空二字编排"附件"二字，后标全角冒号和附件名称。如有多个附件，使用阿拉伯数字标注附件顺序号，如"附件：1.××"，附件名称后不加标点符号。附件名称较长需要回行时，应当与上一行附件名称的首字对齐。

（11）单一机关行文时，一般在成文日期之上，以成文日期为准居中编排发文机关全称或者规范化简称；联合行文时，一般将各发文机关全称或者规范化简称按照发文机关顺序整齐排列在相应位置。成文日期一般右空四字编排，用阿拉伯数字将年、月、日标全，年份不可简写，月、日不编虚位（1不编为01）。印章应为红色，不得出现空白印章。

（12）如有附注，居左空二字加圆括号编排在成文日期下一行。

（13）"附件"二字及附件顺序号用3号黑体字顶格编排在版心左上角第一行。

（14）如有抄送机关，一般用4号仿宋体字标注，"抄送"二字后加全角冒号和抄送机关全称或者规范化简称，回行时与冒号后的首字对齐，最后一个抄送机关全称或者规范化简称后标句号。

（15）印发机关和印发日期一般用4号仿宋体字标注，编排在末条分隔线之上，印发机关左空一字，印发日期右空一字，用阿拉伯数字将年、月、日标全，后加"印发"二字。

1.2 新人的写作困境

刚进入机关单位时,领导让笔者写一篇报告。因为是第一次写公文,没有经验,也没有可参考的样文,笔者完全不知道从何入手,用两天的时间写出了两段文字。交给领导之后,从他紧皱的眉头中,笔者看到了自己能力的不足。领导并没有批评笔者,而是逐字逐句地修改了一遍,看了领导修改后的报告,笔者才知道,越是简单的文字,越体现功底。

1.2.1 起步艰难,批评如影随形

对于刚步入职场进行公文写作的新人来说,如果没有掌握好的写作方法迅速入门,挨批评会成为家常便饭。

面对批评,我们应该做的是不抵触、不忽视、不冷处理,牢记以下几点。

(1)理性看待批评:明确领导批评我们的目的是帮助我们提升公文写作水平,不是单纯地指责或攻击。接受批评是成长的关键,面对批评,不要过于情绪化或抵触。

(2)分析批评的内容:仔细倾听领导对公文的评价,分析批评的内容和理由,关注领导指出的不足之处,并思考如何改进,将批评转化为学习和成长的动力。

(3)积极寻求反馈:主动与领导沟通,了解领导对公文的看法和建议,这是提升写作水平的关键。及时沟通,可以帮助我们更好地理解领导的意图和要求。

我们可以将领导的批评视为一种指导——领导希望我们能更好

地发挥自己的潜力，取得更好的工作成果，这能帮助我们更好地认识自己，发现自己的不足，从而更好地规划自己的职业发展路径。

1.2.2 毫无头绪，努力却不得要领

公文写作初期比较容易受挫，有时候，我们分明掌握了公文的格式要求和内容要求，也充分理解了领导的想法，但落笔时还是毫无头绪。

遇到这种情况不要灰心，将一切交给时间、交给实践、交给经历。虽然公文写作可以靠掌握一些小技巧快速入门，但人的思想、观念、知识储备量是不可能瞬间提升的。公文不是简单的随笔文章，需要对思想进行提炼，反映我们对客观事物的看法。不要被毫无头绪的困难吓倒，只要努力学习、练习，一定可以逐渐提高自己的写作能力。

1.2.3 效率极低，被追着要稿子

慢工出细活，好的艺术品需要足够的打磨时间，同样，好的文章也需要经历反复修改和润色。不过，公文写作不同于艺术创作，要讲求效率，特别是一些具有时效性的公文，需要在规定的时间内完成。

应该有很多新人被追过稿：写作效率低，不断被领导催促交稿，或者接到紧急任务，某天晚上被告知写作要求，第二天早上八点就要交稿子。种种情况，令很多新人叫苦不迭。

写作速度和写作者的思维成熟度、知识储备量息息相关。思维不敏捷，拿到题目半天理不出头绪，不知从何下手，自然快不起

来；知识储备量不够，写的时候找不到合适的例子、数据来支撑观点，现写现查，时间可不就浪费了？

要想写得又快又好，可以参考如下方法。

首先，每次写公文前，在纸上或者脑子里快速列关键词清单，把核心观点、关键数据、重要例子列出来，围绕这些展开，不仅文章内容不会偏离主题，而且写作速度会有明显提高。

其次，进行限时写作训练——找一些常见的公文题目，要求自己在半小时或者更短的时间内写出初稿。练得多了，写作速度自然就上去了。

最后，接到紧急任务的时候不要慌，立刻跟领导确认核心要求和重点，把能用的素材列出来，一边写一边完善。如果遇到实在拿不准的问题，不要自己闷头琢磨，及时找有经验的同事请教，能少走很多弯路。

脸皮特薄，写作藏着掖着

实际工作中，新人可能会有以下心理。

（1）在写作时担心自己的作品被他人批评或指责。这种担忧往往源于对自身能力的怀疑。

（2）追求完美，希望自己的作品尽善尽美，导致写作过程中过于纠结，迟迟不敢下笔。

（3）害怕自己的作品被公开，暴露自己的不足，被他人嘲笑。这种恐惧会阻碍写作中的自由发挥。

克服心理障碍的方法有以下几种。

（1）增强自信。了解自己的优势和不足是增强自信的关键。通过积极学习、不断积累经验,逐渐提升自己的能力,能力强了,信心自然就足了。

(2)接受批评。被批评并不是一件坏事,当他人给予我们负面反馈时,要学会接受并尝试从中学习。将批评视为后续提升的指导,而不是对自己的否定。

(3)设定目标。设定合理的目标,将注意力集中在实现目标上,可以避免过度苛求完美。

(4)勇敢尝试。通过主动参与团队项目、主动分享自己的作品等,让自己的作品逐渐被更多人看到。勇敢尝试可以获得宝贵的经验和机会,有助于提升自信心和写作能力。

1.2.5 不会阅读,无法判断文章好不好

如今,公文已成为各行各业沟通、协调和管理过程中不可或缺的工具。公文的质量直接影响信息的传递效果和工作的执行效果,提高公文质量的关键之一是学会阅读。

1. 通读——把握公文整体脉络

通读是阅读公文的第一个层次,也是基本的阅读技巧。通读的目的在于从整体上把握公文的脉络和主题,初步了解公文的基本内容和写作意图。在通读的过程中,我们应该注意以下几点。

(1)逐字逐句阅读。通读公文时,应逐字逐句地阅读,不要跳读,以确保不遗漏任何重要信息。

(2)关注公文结构和逻辑。公文通常具有特定的结构和逻辑,通读时,应重点把握公文各部分之间的关系,理解作者的思路。

(3)提炼主题和中心思想。通读过程中,要尝试提炼公文的主

题和中心思想，理解公文所传达的核心信息，这有助于我们把握公文的关键内容。

2. 细读——深入理解公文内容

细读是阅读公文的第二个层次，它要求我们在把握公文整体脉络的基础上，深入分析公文的内容细节。在细读的过程中，我们应该注意以下几点。

（1）注重细节分析。细读时应对公文的每一个内容细节进行分析，包括段落关系、句子逻辑和关键概念，这可以帮助我们深入理解公文的细节写法，发现潜在的问题。

（2）对比阅读。可以收集不同的相关材料进行对比阅读，更好地理解各材料之间的异同点，发现它们之间的联系和区别。

（3）揣摩作者意图。细读时要尝试揣摩作者的写作意图，学习优秀作者的行文风格、用词技巧和表达方式，更好地提升自己的写作能力。

第 2 章

从头开始,步步为营

公文写作需要从源头抓起,每一步都会影响作品的质量。本章将引导读者从头开始,系统了解公文写作的关键步骤。从列提纲到写标题,再到金句的运用与材料的借鉴,每一步都至关重要。只有熟练掌握这些关键知识点,才能让公文写作更加得心应手。

2.1 撰写提纲，绘制写作蓝图

列提纲在公文写作中十分重要。在正式动笔前列好提纲，可以确保公文的逻辑性和连贯性达标。

2.1.1 明确主题，思考清楚再动笔

许多新手写作时，内容经常会偏离主题：想要表达的是 A 观点，却用了大量篇幅描述 B 观点；想要说明的是 C 问题，却用了整个段落论述 D 问题。之所以会出现这种情况，是因为很多新人拿到材料就闷头苦写，根本不对公文主题进行思考。

开始写作前，我们需要仔细思考文章的主题、写作目的、适用场合及受众群体，以确保文章能够准确地传达信息、有效地解决问题。

写公文，如果是为了向领导汇报工作进展，就需要重点关注工作的完成情况、存在的问题和需要得到的支持；如果是为了向员工传达公司政策，就需要清晰明了地阐述政策内容和实施要求。

如何确定主题，并保证公文内容不偏离主题呢？

（1）着眼实际工作需求，将政策与工作实际相结合，描绘切实可行的工作蓝图。假设政策是"规划绿色城市"，强调环保、节能和可持续发展，且你了解到本部门面对的工作难题是城市交通拥堵和环境污染问题日益严重，那你就可以结合这两个方面，明确公文的主题。

（2）领悟上级意图，了解本单位的战略目标和工作重点。

2.1.2 优化提纲,条理清晰有美感

提纲是文章的骨架,决定了文章的结构安排和内容详略。一个好的提纲,不仅要具备逻辑性和条理性,还要能够吸引读者的注意力。

下面我们通过一个具体的例子看看什么样的提纲是好提纲。

【原稿】

一、加强基础设施建设,提高城市品质。

二、推进环境保护工作,改善环境质量。

三、加强社会治理,维护社会稳定。

【修改稿】

一、聚焦"硬环境",打造宜居宜业新城区

二、优化"软环境",激发城市发展新活力

三、建立"护航队",维持社会发展新秩序

修改之后的提纲用词明显更高级。

第一点改为"聚焦'硬环境',打造宜居宜业新城区",表述更加清晰明了,突出了城市基础设施建设的重要性。

第二点改为"优化'软环境',激发城市发展新活力",表述更加生动形象。软环境指城市的非物质建设,如政策、法规、服务等。

第三点改为"建立'护航队',维持社会发展新秩序",突出了社会治理的重要性和目标。

那么,优化提纲时要注意哪些问题呢?

(1) 工整与对称。

工整与对称是对文章提纲的基本要求。提纲工整（一级标题字数相同），排列整齐，易于阅读和理解；提纲对称，能够给人留下深刻的印象，记忆效果更佳。

为了使提纲工整与对称，优化提纲时，各部分或各段落的字数要尽量平衡，避免出现某一部分/段落字数过多或过少的情况。

(2) 使用统一的句式结构。

优化提纲时，尽量使用统一的句式结构。除此之外，段落也要对称，上一个段落的主题应该与下一个段落的主题对应，使提纲形成一个有机的整体。

(3) 保证词性多样。

优化提纲时，我们应该尽量使用多种词性的词汇，包括名词、动词、形容词、副词、介词等，这样可以让提纲显得更加高级，调动读者的阅读兴趣。

(4) 文字精练。

文字是表达思想感情的重要工具，好的文字能够让文章更加生动、形象、易于理解。优化提纲时，我们需要精心选择每一个词、每一个字，使之既简洁明了又富有深意。

2.1.3 先搭架子，遇到难点可作标记

写公文正文前，我们需要先构建一个清晰的框架，俗称"架子"。这个架子可以是一个提纲、一份草稿，也可以是一个思维导图，它应该标明文章的主要段落和关键点，以及每个部分的主要内容。

举个例子，如果我们要写一份报告，我们可以先写一个大纲，如下。

> 引言
> 问题描述
> 问题分析
> 解决方案
> 结论

在大纲中列出报告的结构和主要内容，写作时可以根据需要添加、删除或调整细节内容。

我们来分析一段话。

> 近年来，我们在工作中坚持贯彻落实党的方针政策，积极推进各项改革工作，取得了一系列显著成果。为了更好地推动工作的开展，我们需要进一步加强党的建设工作，提高党员干部的素质和能力。
>
> 具体来说，我们将完善党内制度，加强对领导干部的监督和管理，切实提高党组织的凝聚力和战斗力。同时，我们将在工作中注重创新，不断探索新的工作方法和思路，为党和人民的事业做出更大的贡献。

这段话是从一个工作报告中摘取的，开头介绍了各项工作取得了一系列成果，接着强调了加强党的建设的重要性，最后介绍了党建工作的具体计划。这种结构清晰明了，能够让读者快速了解文章的主要内容和写作重点。

在公文写作中，可以使用如下写作结构。

（1）提出并解决问题。先提出问题，再分析问题的形成原因和影响，最后提出解决问题的方案。使用这种写作结构能够清晰地呈现问题、分析问题，突出解决问题的紧迫性和必要性。

（2）对比分析。通过比较不同方案、观点，得出较佳的解决方案。使用这种写作结构能够清晰地呈现不同方案、观点的差异，突出最终选择的方案、观点的合理性和可行性。

（3）因果分析。先确定一个结果，再分析这个结果的因果关系。使用这种写作结构能够清晰地呈现结果和原因之间的联系，突出解决方案或措施的正确性。

总的来说，公文的"架子"应该根据具体的情况和需求来选择和设计，在搭"架子"时要注意逻辑严密、条理清晰、层次分明，能够让读者快速理解和接受公文中的观点。

在搭"架子"的过程中，我们可以标记出不确定应该如何解决的问题和需要进一步研究的内容，完成写作后，再思考如何处理它们，避免写作过程中的思路中断。

小提示

搭"架子"是一个非常有效的写作策略，可以帮助我们把握文章的总体脉络，也可以帮助我们在写作过程中保持专注。通过搭"架子"，我们可以更好地组织自己的思想，写出更有条理、结构更清晰的公文。

2.1.4 材料安排，文章内容要充实

材料是文章的血肉，是作者思想的外化，使公文更具说服力、

客观性和深度；公文是材料的载体，通过对材料进行组织和编排，使其能够以更有条理、更有逻辑的方式呈现。

1. 材料的解读与挖掘

（1）理解材料背景：在阅读材料时关注材料背景，有助于我们理解材料的真实意图。例如，材料是一篇新闻报道，我们就需要关注该新闻报道涉及的时间、地点、人物等信息。

（2）分析材料内容：理解材料背景之后，我们需要对其内容进行深入的分析，包括对材料中的事实、数据、例证等进行分析和解读。

（3）挖掘材料的深层含义：除对材料内容进行分析外，还需要挖掘其深层含义，包括对作者的价值观、思想体系、知识结构等进行了解和分析，这有助于我们更好地理解作者的写作目的和材料的主旨。

2. 用材料提升公文质量

在写作中，材料的选取至关重要。好的材料能够为公文增色添彩，提高公文的说服力和感染力。我们在选取材料时应关注以下几点。

（1）相关性：选取的材料要与公文的主题相关，能够支持公文的观点。

（2）权威性：选取的材料的来源要权威、可靠，以保证材料的真实性和可信度。

（3）新颖性：选取的材料要新颖，能够吸引读者。

不同的材料具有不同的特点和性质，会影响公文的表达方式和语言风格。比如，使用具体的案例可以让公文更加生动和形象；使用专业的术语和概念可以让公文更加专业和权威。

假设你需要写一份关于城市交通拥堵问题的报告,报告中需要有交通拥堵的现状、成因、影响、解决方案等各方面的详细信息,这些信息都是通过收集和分析各种材料得到的。你可能需要收集交通流量数据、道路状况报告、交通事故统计数据等内部材料,以及市民意见调查、专家研究等外部材料,并通过对这些材料进行组织和编排,形成有价值的公文。

材料的选择和使用在公文写作中占据着非常重要的地位,写作者需要善于发现和使用有价值的材料,将它们巧妙地融入公文,并根据不同的需求和公文类型选择合适的材料,使公文更加充实、有说服力。

2.2 标题拟得好,文章成一半

在公文写作中,标题是文章的脸面,一个简洁、准确、吸引人的标题,能够让读者对文章产生浓厚的兴趣,愿意阅读全文。

2.2.1 标题设计,层次分明

在构思吸引人的标题时,必须关注逻辑性。从整体到细节,每个组成部分都应该有序且连贯,能够清晰地传达信息。

总标题应具有概括性,大标题应详细且分类明确,小标题则需要提供更多的信息和视角。无论大小,标题间应避免产生冲突或混淆,要具有清晰的逻辑关系。

此外,设计各标题时,应确保它们能够准确反映文章的核心内容。标题的排列顺序应仔细斟酌,以便读者能够一眼看清文章的整体结构。

举个例子,我们有一篇关于城市环保政策推行情况的公文,其原标题如下。

一、城市空气质量的改善措施

二、水污染治理的策略与成果

三、固体废弃物处理的困境与突破

四、环保政策对城市生态的影响

五、城市绿化工作的推进情况

分析这些标题,我们可以发现其存在一些逻辑上的问题。

第一,第一部分的标题和第四部分的标题在内容上存在一定的交叉:"城市空气质量的改善措施"侧重于具体的措施,而"环保政策对城市生态的影响"范围较广,可能会包含城市空气质量改善方面的内容。

第二,标题的排列顺序不合理。从逻辑上讲,应该先有环保政策的制订和实施,才会有各项具体环保工作的开展以及相应的成果。

修改后的标题如下:

一、环保政策的制订与实施

二、城市绿化工作的推进

三、水污染治理的成效

四、固体废弃物处理的进展

五、空气质量的显著提升

修改后的标题优点众多,比如逻辑更加清晰;先介绍政策,为后续各项具体工作的开展提供了前提和依据;每个标题聚焦一个明确的主题,互不干扰;排列顺序符合工作开展的一般流程,层次分明,能更好地引导读者准确把握公文的核心内容。

写公文时,各小标题之间的逻辑顺序可以是并列,也可以是递进。此外,还可以按照时间顺序或空间布局进行编排,以获得条理清晰、层次分明的效果。

撰写公文时,经常出现"题小文大"或"题大文小"的问题。

"题小文大"(概括不全)的问题在撰写报告或通知时经常出现,可能会导致读者对公文内容产生误解或困惑。例如,某个通知中有一个小标题为"几点要求",但该标题下的某些内容并不属于"要求",而是具体的行动安排——小标题无法准确概括其下的所有内容，容易导致读者对公文的真实意图产生误解。

解决"题小文大"的问题，主要有以下两种方法。

方法一，调整内容，使其与标题匹配，确保标题准确地反映内容。例如，将不属于"要求"的内容移至其他部分，或者将其直接删除，使标题与内容更加契合。

方法二，修改或重新拟定标题。如果标题的表述不准确或过于宽泛，无法概括其下的所有内容，我们就需要重新拟定标题。例如，将标题从"几点要求"改为"行动安排和要求"，更准确地概括内容。

如果存在"题大文小"（内容过于简略）的问题，可以通过添加更多细节或例子来丰富内容，也可以将标题表述缩小到更具体的范围。

确保标题与内容契合，有助于提高公文的可读性，同时确保信息传达的准确性。

2.2.2 拟写标题，牢记"准""新""精"

标题是文章的眼睛，是吸引读者阅读的关键。拟定标题的过程是一个反复推敲表述与用词的过程。新人写标题时，经常会出现标题冗长、缺乏亮点，甚至偏离主题的情况。那么，该如何写出符合主题、简短有力的标题呢？答案就是三个字："准""新""精"。

（1）"准"：标题应准确地反映文章的主题和重点，避免使用模糊、宽泛的词语，以确保标题具有明确的方向性和指导性。

（2）"新"：标题应新颖有趣，吸引读者的注意力。可以尝试使用新颖独特的词语或句子结构，避免使用过多的陈词滥调。

一般来说，运用各种修辞手法可以使标题更"新"，例如，"总结经验，把握规律，把好'方向盘'"这一标题将上级政策比作方向盘，形容贴切、易于理解。

还可以运用排比手法拟写标题，举例如下。

走到位，力戒走马观花不深入

问到位，力戒脱离主题太随意

说到位，力戒满口应承无原则

此外，可以将一些较新颖、正能量的流行词汇用在标题中。使用时，切记要符合主题。

（3）"精"：标题要精益求精，反复推敲，以确保标题用词准确、精练，避免冗余或重复。

接下来，我们举例说明什么样的标题是好标题。

【示例1】

聚沙成塔，积小胜为大胜

【点评】

这个标题中有形象的比喻，将积累小成功以获得大成功的过程生动地呈现出来，说明了只有通过不断积累小成功，才能最终获得大成功的道理。此外，该标题富有节奏感，易于记忆。

【示例2】

明察秋毫，见微知著

【点评】

这个标题使用了成语"明察秋毫"和"见微知著"，突出了通过对事物进行细致观察，能够从微小的迹象中推断出大趋势和规律这一道理。这样的标题能引导读者关注细节、深入思考。

【示例3】

群策群力，共创辉煌

【点评】

这个标题简明扼要地强调了团队的力量，同时表达了共同创造辉煌的信念。这样的标题能够激发人们的参与积极性。

【示例4】

一、加强管理，提高效率

二、注重细节，追求卓越

三、以诚待人，以信立身

【点评】

这组标题整齐、简洁，使用了一些具有积极意义的词汇，如"加强""提高""注重""追求"，能够传递积极向上的态度。

【示例5】

一、创新思维，开拓市场

二、创新管理，提质增效

三、创新服务，提升品质

【点评】

这组标题使用了"创新"这个关键词，将三个不同方面联系在一起，形成了一个完整的工作思路。与此同时，使用了诸多具有积极意义的词汇，如"创新""开拓""提质增效""提升品质"，能够传递对工作的热情。

2.2.3 公式助力，秒写标题

（1）措施＋目的。

这个公式通常用于表达采取某种措施后期望达到的效果。举例如下。

优化培训措施，提高员工素质与能力

实施优惠政策，吸引更多客户

（2）手段＋目标。

这个公式通常用于表达为了达到某种目的需要采取的手段或方法。举例如下。

引进先进技术，提高生产效率

加强市场调研，制订针对性营销策略

（3）坚持××原则/方针/战略/定位（指导思想），实现（取得）××目标（成效）。

这个句型通常用于表达在坚持某种原则、方针、战略、定位的基础上实现某个目标或取得某种成效。举例如下。

坚持改革开放方针，实现经济快速发展

坚持创新驱动发展战略，提升企业核心竞争力

（4）加强××工作/建设/管理/监管（措施），确保实现××（目标）。

这个句型通常用于表达为了确保某个目标顺利实现，需要加强某方面的工作、建设、管理、监管。举例如下。

加强安全管理,确保安全生产无事故

加强队伍建设,确保工作顺利开展

小提示

在设计公文标题时,可以参考公式,但不要硬套公式,一定要确保标题格式是正确的、规范的,这样才能让公文更正式、更专业。

2.3 金句用得好,写作没烦恼

金句收藏得再多也不是自己的,只有学会使用,才能真正发挥其价值。

2.3.1 金句积累,建立素材库

不管是领导发言稿还是工作总结,若能加入一些有内涵的金句,会给文章增添不少色彩;如果金句使用得恰到好处,能产生点石成金的效果。

金句源自平时的积累,因此建立专属的"金句库"十分必要。

我们会在日常生活中接触到大量的信息,如报刊文章,在这些文章中,金句随处可见。我们应该随时做好摘抄,将这些金句按照主题进行分类整理,建立属于自己的"金句库"。

对于建立适合自己的"金句库",笔者有一个小建议:学会给金句贴标签。贴标签能够帮助我们更好地对金句进行分类。我们可以根据任何想法给金句贴标签,例如,针对"艰难困苦,玉汝于成"这一金句,我们可以根据它的主题给它贴上"坚韧不拔"的标签,也可以根据常用、不常用等使用频率贴标签。

标签越多,金句库越有条理。给每一句金句赋予自己独特的理解,才能让金句真正为我们所用。

2.3.2 金词创新,增强表达力

金词是金句的基础。使用合适的金词,可以更好地表达公文的

主旨和意图，更容易获得读者的认同，引导读者付诸行动。例如，在描述某个政策时，使用"命脉""引擎"等金词，能够更好地强调政策的重要性。

金词新颖，才能吸引人。关于金词创新，笔者总结了以下方法。

1. "新瓶装旧酒"

对于已经存在的词汇，延伸其原意，赋予它们新的含义或者用法，可以达到"旧词新用"的效果。在公文写作中，"旧词新用"可以增强文字的趣味性，使读者更容易理解和接受公文的表达。

比如，"低头族"这个词，形象地描述了人们低头看手机的现象，在公文中使用，可以表达对人们过分沉迷手机这一现象的关注或批评。又如，"打酱油"一词原指传统的买酱油的方法，现在被用来形容人们对某些人或事漠不关心的态度，在公文中，这个词可以用来形容某个部门或单位对某些工作或问题不负责任的态度、不配合的行为。

2. 巧用修辞

在金词创新时，我们可以利用修辞手法提高公文的吸引力和可读性，例如，通过隐喻和借代，将抽象的概念转化为具体的形象，使公文更生动、易读。

例如，将某个项目比喻为"引擎"，强调其在推动经济发展中的重要作用；用"蓝海"代指新兴市场或领域，强调其潜力和前景；用"软实力"强调文化、教育、科技等非物质因素对国家发展的重要性。此外，"风向标""方向盘""一盘棋"等词也很好用，其生动性能够让读者对政策有更深入的了解。

3. 多词汇组合

将两个或多个词汇组合在一起，形成一个新的词汇，解读某个新的概念或表达某种新的意义。例如，将"互联网"和"+"组合在一起，即"互联网+"，可以表达一种全新的意义，简单来说，就是使用互联网思维和技术，对传统行业进行优化升级。

除此之外，对"智慧城市"这个概念进行延伸，我们可以提出"智慧校园""智慧小区""智慧农村"等新的金词。

这几种方法都可以帮助我们创新金词，以词带句，为句子增色。

2.3.3 金句改写，保持新颖感

1. 深入理解原句含义

比如，"知识就是力量"在教育、学习等领域被广泛使用，进行创新时，我们需要先理解这句话的含义，即"知识具有力量，能够带来改变和进步"，再基于这个理解进行创新，可以说"知识就是未来的引擎"。

2. 改变句式结构

比如，"先天下之忧而忧，后天下之乐而乐"的意思是把国家和人民的利益放在首位，我们可以改变其句式结构，将其变为"忧国忧民，乐在其中"。

3. 调整逻辑关系

比如，"虚心使人进步，骄傲使人落后"是一句常见的格言，我们可以调整其逻辑关系，将其变为"不断进步更能使人虚心，骄傲只会让人落后"，强调进步与谦虚的关系。

4. 结合实际应用场景

比如，"海纳百川，有容乃大"常用于教育人们要有包容心，如果我们要在一个关于多元文化和包容性的演讲中使用这句话，可

以结合实际应用场景将其变为"海纳百川，多元共存"。

　　运用以上技巧，可以打造具有时代感的个性化金句，为公文增添亮点。

2.4 借鉴与创新，"抄"出新意

虽然模仿、借鉴能帮助我们写出公文，但我们不能止步于模仿、借鉴。在模仿、借鉴的过程中，我们要使用不同的手段进行创新，"抄"出新意。

这里需要注意，我们讲的是"抄"，不是"抄袭"。前者是有选择地学习，后者则是照搬挪用，有个人作风问题。公文写作中，抄袭是大忌，比公文写作水平更重要的是端正的人品和严谨踏实的学习态度。

2.4.1 放平心态，"抄"也是学习

有些写作新人谈"抄"色变，认为这种行为不道德，但其实"抄"是快速入门的好方法之一，也是快速掌握公文写作规范的有效途径之一。"抄"，并非简单地复制他人的文章，而是在模仿中逐渐掌握写作的技巧。

通过模仿优秀的公文进行写作，我们可以逐渐领悟公文写作的精髓，如如何构思文章结构、如何掌握规范的语言表达技巧、如何逻辑清晰地阐述观点。在不断模仿和总结的过程中，我们的公文写作水平将得到提升。

从初学者到资深写作者，这个转变过程如同玫瑰的绽放过程，需要经历时间的磨砺和自身的不断努力，在这个过程中，"抄"是不可或缺的一部分。如果说初涉公文写作就像是在黑暗中摸索，那么"抄"就像是一盏明灯，可以指引我们前进。

> **小提示**
>
> 在工作中,我们常常会遇到风格迥异的领导和同事,有时候,我们需要根据他们的写作风格和思维习惯进行创作,这时,"抄"便成了我们学习的最好方式。比如,我们可以参考其他同事的讲话稿,了解其深受领导赏识的原因,并从中学习经验。这种"抄",可以帮助我们更好地适应工作环境,赢得领导的认可和赏识。

2.4.2 把握尺度,有些材料不可"抄"

第一,把握尺度非常重要,有些材料虽然很新颖、独特,但并不适合直接"抄"。在公文写作中,他人作品中的思想和观点是可以借鉴和参考的,但是我们需要合理借鉴、参考这些思想和观点,避免侵犯他人的知识产权。

第二,我们应该避免"抄"互联网上的信息和新闻报道,尤其是没有注明出处(来源不明)的信息和新闻报道。如果需要使用互联网上的信息,必须对其进行必要的核实和验证,以确保其真实性和可靠性。

第三,有些材料时效性较强,可能已经过时或不再适用,因此,在写公文时,我们需要考虑材料的时效性和更新频率,选取最新的、适合使用的材料。同时,需要根据实际情况进行必要的更新和修改,以确保公文的时效性和准确性。

在写作中,借鉴、参考他人的观点、引用的典故和修辞手法,能帮助我们拓宽视野,丰富我们的表达方式,从而在求得文章之美的同时，把握时代发展的脉搏，为组织代言，为民发声。

再次强调，"抄"并非复制粘贴、生搬硬套，我们需要在借鉴、参考他人观点和行文方式的同时，注重个人思考和见解的表达，努力形成独特、个性、与时俱进的分析视角。

2.5 谋篇布局，掌握横纵逻辑

结构其实就是文章的组织方式。公文的组织需要遵循一定的布局逻辑，较为常见的布局逻辑是"横向布局"和"纵向布局"。

2.5.1 横向布局，条理清晰

横向布局指公文中的各部分在逻辑上为并列关系，围绕同一主题或中心思想展开，各自独立地探讨该主题的不同方面的布局。这种布局的常用结构如下。

1. 并列结构

并列结构是较为常见的横向布局结构，它会将多个观点或段落并列排布，每个观点或段落既独立又相互关联。这种结构常用于列举事实、阐述政策等。

例如，在一份报告中，为了阐述三个不同的政策，将它们并列排布，每个政策都有独立的段落和论点，但它们都与主题相关。

使用并列结构时，一方面要注意保持各观点或段落的相对独立性，另一方面要注意它们之间的逻辑关系，避免出现逻辑混乱。

2. 对比结构

对比结构是将两个或多个相反的、相对的观点或事物放在一起进行比较，以突出它们的差异和各自的特点的结构。这种结构常用于分析问题、评价政策等。

一个关于环境污染的公文选段如下。

尊敬的市民朋友们：

随着工业化和城市化的加快，环境污染问题日益严重。工业污染和生活垃圾污染是环境污染的两大主要来源。工业污染主要包括废气、废水和固体废弃物的排放，这些废弃物往往含有有毒有害物质，严重破坏生态环境。生活垃圾污染则主要包括生活污水、生活垃圾和废弃物等，如果处理不当，也会对环境造成严重影响。

为了保护环境，我们需要采取有效措施进行治理。比如，加强相关法律法规的宣传和执行力度、提高民众环保意识、推广清洁能源等。同时，我们需要采取针对性措施对工业污染和生活垃圾污染进行治理：工业污染方面，需要加强排污监管力度，推行清洁生产和循环经济模式；生活垃圾污染方面，需要加强对垃圾的分类和回收利用，推广垃圾无害化处理技术。

相信在大家的共同努力下，我们一定能够保护好环境，建设美好的家园。

该公文选段使用了对比结构，将工业污染和生活垃圾污染放在一起进行比较，突出了它们各自的影响。这种结构能够让读者更加清晰地认识到环境污染的严重性和治理的紧迫性。同时，该公文针对不同污染源提出了各有侧重的治理措施，具有很强的针对性。

使用对比结构时，我们要注意对比的平衡和公正，避免出现某一方面过于突出，另一方面被忽略的情况，同时要确保对比的准确性，不要将不相关的内容放在一起比较。

3. 排比结构

排比结构是将一组相似或具有平行关系的句子、词语或段落排列在一起的结构，使用排比结构，可以增强表达的效果和气势。

例如，在一篇演讲稿中，为了呼吁大家关注环保问题，作者使用了排比结构强调环保的重要性："保护环境，就是保护我们自己的家园；保护环境，就是保护地球的未来；保护环境，就是保护人类的未来。"

使用排比结构时，既要注意把握节奏，又要注意控制篇幅，避免出现冗长的情况。此外，排比结构的使用要适度，使用过于频繁可能会让读者感觉啰唆。

2.5.2 纵向布局，逻辑连贯

纵向布局指文章各部分或段落之间在逻辑上有先后顺序或因果关系的布局。纵向布局的常用结构如下。

1. 以时间为轴

以时间为轴是按照时间顺序排列观点，由远及近、由过去到未来行文的结构。这种结构常用于叙述事件、介绍历史等。

例如，介绍公司历史的公文，可以使用以时间为轴的结构：开头部分介绍公司的创立背景和初期发展；中间部分按照时间顺序叙述公司的发展历程；结尾部分总结公司的发展趋势和前景。

在以时间为轴的结构中，要注意时间顺序的准确性和连贯性，避免出现时间不连贯的情况，同时要确保各时间段之间的逻辑关系清晰、明了，避免出现逻辑跳跃的情况。此外，在以时间为轴的结构中，转折的设置非常重要，我们要准确介绍转折点并清晰阐述转折的缘由和思路，使文章连贯且完整。

2. 层层递进

层层递进是将多个观点或段落按照逻辑关系排列，逐步深入、环环相扣的结构。这种结构常用于分析问题、说明事理等。

例如，以人工智能的发展为主题的公文，可以全面分析、介绍人工智能的发展历程、应用领域及发展趋势,逐步深入、环环相扣地行文。

第 3 章

常见陷阱，谨防"细节失误，全局受损"

在公文写作中，一些看似微不足道的细节，有可能成为影响文章质量的关键因素，比如，错用的一个标点符号、一个词语；又如，相邻句子逻辑上的混乱。本章，我们将深入探讨常见的错误及避免犯错的方法，从而更好地掌握公文写作技巧，确保文本质量更上一层楼。

3.1 标点错误,让公文失去专业性

一篇看似优秀的公文,可能会因为一个标点错误而黯然失色——这种基础性错误会让人觉得写作者的基础不扎实,给人留下不专业的印象。所以,在写作过程中,我们必须确保标点符号的使用符合规范。

1. 并列书名号或双引号之间不使用顿号

在公文中,如果需要列举多本图书或特定名词,应当使用书名号或双引号,它们之间不使用顿号。

【错误示例】

该报告引用了《经济研究》、《社会学杂志》、《管理世界》等杂志中的多篇文献。

【正确示例】

该报告引用了《经济研究》《社会学杂志》《管理世界》等杂志中的多篇文献。

【错误示例】

该报告中提到了"经济合作"、"文化交流"、"政治协商"等多个议题。

【正确示例】

该报告中提到了"经济合作""文化交流""政治协商"等多个议题。

2. 并列分句前不使用逗号统领

用分号隔开的并列分句前不使用逗号统领,应视情况使用冒号或句号。

【错误示例】

各科室在处理患者投诉时要各负其责、相互协作,医务部门负责查明事实并给出合适的处理意见;护理部门负责提供优质的护理服务,以减少投诉;人事部门负责考核和调整工作人员的岗位安排,以提升服务质量。

【正确示例】

各科室在处理患者投诉时要各负其责、相互协作:医务部门负责查明事实并给出合适的处理意见;护理部门负责提供优质的护理服务,以减少投诉;人事部门负责考核和调整工作人员的岗位安排,以提升服务质量。

3. 连接号使用规范

【错误示例】

制订并实施公司安全生产三年行动计划(2020—2022)。

【正确示例】

制订并实施公司安全生产三年行动计划(2020—2022)。

4. 顿号使用规范

(1)约数之间不使用顿号。例如,"他预计在本月的五、六号出发",在这个句子中,日期是约数,不需要使用顿号,应改为"五六号"。

(2)并列数字之间应使用顿号。例如,"他在一二年间写成了这本书",在这个句子中,"一""二"均表示时间段,应使用顿号进行分隔,即"一、二年间"。

(3)集合词语之间不使用顿号。例如,"我们班今年去了公、检、法三个地方实习",在这个句子中,"公检法"是一个集合词语,不应使用顿号分隔,应改为"公检法三个地方"。

5.图、表的说明文字末尾不使用句号

【错误示例】

图中数据统计截止时间为××年××月××日;样本医院总体及呼吸机数据按现行标准采集;丙烷数据按新标准采集。

【正确示例】

图中数据统计截止时间为××年××月××日;样本医院总体及呼吸机数据按现行标准采集;丙烷数据按新标准采集

6.附件名称后不使用标点符号

【错误示例】

附件1.××市处理非法开采工作领导小组成员名单;

【正确示例】

附件1.××市处理非法开采工作领导小组成员名单

7.不同层次的序号使用规范

绝大多数公文不止一个层次,不同层次的内容应使用不同的序号样式统领。

第一层次的序号样式:"一、""二、""三、"……

第二层次的序号样式:"(一)""(二)""(三)"……

第三层次的序号样式:"1.""2.""3."……

第四层次的序号样式:"(1)""(2)""(3)"……

第五层次的序号样式:"①""②""③"……

3.2 用词不准,一读全是歧义

公文写作就像走钢丝,需要小心翼翼地保持平衡。在公文写作中,一旦用词不准,表述很容易产生歧义。常见的用词不准有如下几种情况。

3.2.1 用词随意,褒贬掺杂

在公文写作这一严谨的写作领域,每一个词语的使用都至关重要。使用不恰当的词语,严重时会影响整篇公文要传达的意思。

较为常见的用词错误有以下两种。

(1)褒义词、贬义词的使用不恰当。这往往是因为写作者对成语不熟悉,望文生义。举个简单的例子:"希望在上级的推波助澜下,大家能够事事顺利、前程似锦。"这句话有贬词褒用的问题——"推波助澜"为贬义词,"事事顺利""前程似锦"为褒义词,一褒一贬,十分矛盾。

(2)使用不规范的简称。简称在不同的语境和背景中可能具有多重含义。比如,"国资委"是一个常见的简称,对应的全称是"国务院国有资产监督管理委员会"。然而,在没有明确上下文的情况下,这个简称可能会产生歧义,被误解为"国家资产管理委员会"。又如,"双一流"是一个经常用在教育领域的简称,指的是"世界一流大学和一流学科",如果将其用在其他领域,可能会产生歧义,被误解为"双重一流""双倍一流"。

> **小提示**
>
> 为了确保公文的准确性和易读性,使用简称时要特别小心,如果可能产生歧义,就应该使用全称,或者在文中对简称进行明确的解释。

3.2.2 语音歧义,务必警惕

"他原来住在这里。"这句话是笔者学"现代汉语"这门课程时接触的例句,今天以它为一个案例来进行讲解。

这句话乍一看没什么问题,但仔细一想好像有点问题:这句话的意思是他以前居住在这里,还是指发现了真实情况(他是住在这里的)?这就是这句话的歧义所在。

再看一个案例:"母亲背着儿子去跳舞。"因为"背"这个字有两个读音,所以这句话有两种意思,一个意思是母亲偷偷跳舞,瞒着儿子;另一种解读是母亲用身子背着儿子去跳舞。

在公文写作中,语音和语义之间的联系常常被忽视,这种忽视可能会导致严重的后果,因为语音和语义之间不匹配可能导致语音性歧义的产生,进而误导读者,使其无法准确理解公文的表达。更为糟糕的是,这种歧义是很难被发现的。

为了减少语音性歧义,我们需要注意以下几点。

首先,要使用标准的普通话通读公文,避免因为发音问题产生歧义。

其次,要注意标点符号的使用。在写作中,我们要根据语义正确使用标点符号，以避免产生歧义。

最后，要尽可能避免使用容易产生语音性歧义的词语，如果必须使用相关词语，可以添加注释或说明，避免读者误解。

3.2.3 滥用修辞，破坏文风

某公司的一份年度报告中，有一段描述公司发展战略的文字，使用了这样的比喻："我们将像狮子一样，勇敢地追逐市场中的猎物，不畏困难，永不退缩。"这个比喻是不恰当的。

第一，将公司比作狮子，可能会给读者留下该公司过于强势的印象，让人联想到权力滥用或感觉到威胁。这种比喻并不符合公司正面、积极、稳健的形象。

第二，"勇敢地追逐市场中的猎物"这个表述也存在问题。一方面，将市场目标比作猎物会给人一种该公司有征服欲和攻击欲的感觉，这与公司稳健发展的目标相悖；另一方面，这样的表述暗示了公司面对市场的主动性和控制力，可能与实际情况不符。

之所以会出现上述问题，是因为修辞使用不当。

公文写作需要使用修辞进行言语提亮，更需要注重用词精准和表达直接。好的修辞无疑会为文章增添风采，但面对公文这种特殊的文体，不能像写微博"小作文"一样大开脑洞、放飞自我。

下面我们举三个反面例子。

其一，某份政府工作报告使用"钉子户"这个词描述在拆迁过程中难以达成协议的居民，这是不太合理的，因为这个词存在一定的贬义和攻击性，暗示这些居民是顽固不化、不合作的。在公文写作中，我们应该避免使用带有贬义、攻击性的词语，进行更为客观、中立的表述,如称其为"特殊情况家庭"。

其二,某篇学术论文使用"扫帚星"形容某种政策,这个比喻不但没有准确地表达学术观点,还会让读者对该政策产生负面看法,因为"扫帚星"通常被认为是不良的、不吉利的象征。

其三,某市交通管理部门发布了一篇关于交通违规处罚决定的公文,其中使用反语称呼某些驾驶员、描述其违规行为,例如,"尊贵的违规司机们,你们好!""你们在道路上飞驰而过,无视交通信号灯,真是英雄!",本意是警示这些驾驶员,但有的读者可能会产生误解,认为公文在褒扬这些违规行为,这与公文的实际意图相反。此外,这种表述方式破坏了公文的严肃性。

综上,在公文写作中,我们应当谨慎选用修辞手法,避免产生歧义或误解。同时,应当注意保护公文的严谨性、严肃性,避免给读者留下不良印象。

3.3 逻辑混乱，公文变废纸

新手在写公文时，经常写着写着就逻辑混乱，前言不搭后语，这种情况会影响公文的整体价值。空话套话过多和思维偏颇是常见的逻辑混乱问题。

3.3.1 高谈阔论，全是空话

作为正式的文件，公文旨在传达准确的信息。然而，在实际工作中，我们常常发现有些新手写出的公文通篇是空话、套话，例如，"在本次会议中，我们深入探讨了××问题，取得了重要的成果"就是一句空话，因为它没有提供具体的数据或例子来说明是如何探讨的、取得了哪些成果。

再举一个例子，"公司的业绩已经达到了世界领先水平，公司是行业内的佼佼者"也是一句大话、空话，领导最忌讳看到这样的文章。

接下来举几个例子，看看如何修改这类空话过多的公文。

【案例一】

某公司年度报告中关于业绩的介绍中有这么一句话："在今年的市场竞争中，公司表现出了不俗的实力，取得了令人瞩目的成绩。"

【分析】

这种表述没有提供具体的数据或例子来支持公司的业绩表现，缺乏实质性内容。

【修改】

在今年的市场竞争中,公司的销售额比去年同期增长了30%,市场份额也有了显著提升。通过优化产品设计和生产流程,我们有效降低了成本并提高了生产效率,实现了业绩的快速增长。

修改后的表述使用了具体数据和事实来支持公司的业绩表现,且更为简洁明了。

【案例二】

某篇关于环境保护的指导意见如下。

一、引言

环境问题是我们这个时代面临的挑战之一。虽然我们已经采取了各种措施应对环境污染和生态破坏,但是这个问题仍然非常严重。因此,我们必须采取更加全面、系统的措施保护环境。

二、指导思想

我们希望通过采取一系列措施,推进环境保护工作的开展,实现经济发展和环境保护的双赢。

三、工作目标

我们的工作目标是减少环境污染、保护生态环境、维护生物多样性。我们希望通过加强环境管理,确保环境安全和可持续发展。同时,我们希望提高公众的环保意识和参与度,共同推动环境保护事业的发展。

四、工作措施

我们将采取以下措施推进环境保护工作的开展。

(1)强化环境监管,确保环境安全和可持续发展。

(2)加大污染防治力度,减少污染物排放。

(3)发展绿色产业,推动产业转型升级。

（4）加强环保宣传教育，提高公众环保意识。

五、实施保障

为了确保环境保护工作顺利开展，我们将采取以下保障措施。

（1）加强组织领导，明确责任分工。

（2）加强资金保障，确保环境保护工作需要的经费及时到位。

（3）加强技术支撑，加强环境保护技术研发和应用。

（4）加强社会监督，鼓励社会各界参与环境保护。

【分析】

　　这篇公文存在只有高谈阔论而没有落地方法的问题。在引言部分，作者指出了环境问题的严重性，但没有给出具体的数据或案例支撑这一观点；在指导思想部分，作者提到了可持续发展的目标，但没有具体解释如何实现这一目标，也没有给出具体的工作计划；在工作目标部分，作者提出了减少环境污染、保护生态环境、维护生物多样性等目标，但没有给出具体的衡量标准；在工作措施部分，作者列举了一些措施，但没有具体说明这些措施如何实施，以及应获得怎样的效果；在实施保障部分，作者列举了加强组织领导、资金保障、技术支撑、社会监督等措施，但没有具体说明如何落实这些措施。

【修改建议】

　　（1）在引言部分，添加具体的数据或案例说明环境问题的严重性。例如，"据报道，近年来我国空气污染指数持续超标，对人民群众的健康造成了严重威胁"。

　　（2）在指导思想部分，具体解释如何实现可持续发展的目标。例如，"通过推行绿色生产和节能减排，实现可持续发展目标"。

　　（3）在工作目标部分，给出具体的时间表及衡量标准。例如，"在五年内减少××%的污染物排放量或恢复××%的生态环境"。

（4）在工作措施部分，具体说明这些措施如何实施以及目标实施效果。例如，"通过引进先进的环保技术和设备，减少污染物排放量；通过加强环保宣传教育，提高公众环保意识"。

（5）在实施保障部分，具体说明如何落实这些措施以及如何确保它们的实施效果。例如，"加强环境保护相关部门的监管能力建设；加强环境保护技术的研发和应用；建立健全环境保护相关法规体系，保障环境保护工作顺利推进"。

3.3.2 非此即彼，非黑即白

如果一份报告声称"数字化转型是万能的，传统产业是落后的"，它就犯了非黑即白、非此即彼的错误，因为它忽视了数字化转型和传统产业之间的复杂关系，以及不同行业和企业的具体需求、实际情况。从字面上理解，"非黑即白"就是将万物简单地划入两个对立面，是过于片面的。

【案例一】

一位写作者在写一篇关于政府机构改革的报告时，主张所有政府机构都应该被简化，因为这样能够提高工作效率。

案例中写作者的观点忽视了许多现实问题，例如，一些政府机构的存在是为了保护环境和公共安全，需要有充足的人手，以备不时之需。

案例中的写作者需要先更加深入地了解各政府机构的工作内容和性质，分析其工作人员在执行任务时面对的挑战和困难，再提出更加全面和客观的建议。

【案例二】

有一位城市规划师为一个城市制订交通规划方案，主张所有私家车辆都应该被禁止进入市中心，以减少交通拥堵。

案例中城市规划师的观点忽视了城市的多样性和不同人群的需求，例如，一些居民需要进入市中心工作或购物，但公共交通并不方便；一些商业区域需要车辆进入以支持商业活动。

为了避免出现"非黑即白"的逻辑问题，案例中的城市规划师需要先更加深入地了解该城市的交通流量、道路状况、居民需求等各方面的情况，再制订更加全面、客观的交通规划方案。

全面、客观的交通规划方案可以包括限制私家车辆进入市中心的时间和区域、完善公共交通系统、合理规划自行车道和人行道等，以满足不同人群的需求，提高城市交通系统的运行效率。

"非黑即白"的错误在公文写作中是一种常见的错误，想要避免犯这种错误，需要更加客观和全面地看待问题，给出更加准确、有说服力、切合实际的方案和建议。

3.4 细节不注意，步步全是坑

这一节，我们重点了解如何给领导写讲话稿。

如何给领导写讲话稿是一个值得深入研究的大课题，围绕这个课题，可以撰写上万字的内容。因为已经有很多文章、书籍对讲话稿的类别、主题、结构、内容等进行过详细的探讨，所以本节主要介绍为领导撰写讲话稿时需要注意的细节。

3.4.1 乱用生僻字，领导出洋相

【案例】

小张被领导安排撰写一篇重要的讲话稿，他非常认真地完成了，但忽视了一个重要的问题：在讲话稿中使用了一个生僻字——"埠"。小张认为领导的知识水平高，肯定知道这个字的读音，没想到恰好没有仔细看这篇讲话稿的领导讲话时不认得这个字，闹了笑话。领导非常尴尬，责怪小张没有给他标注正确的读音。

这个案例告诉我们，撰写讲话稿时，要尽量避免使用生僻字，特别是那些可能会让领导"出洋相"的生僻字。如果必须使用生僻字，应该提前查阅字典或资料，在讲话稿中标注该字的读音。

需要注意的是，有些地名的读音跟常见的发音有所不同，比如，"丽水"应该读作"lí shuǐ"，"台州"应该读作"tāi zhōu"。这些特殊的发音都应该标注出来，以免引起误会。

3.4.2 反复做修改，初稿给领导

【案例】

领导要在一个重要会议上发表讲话，小张负责准备领导的讲话稿。小张根据领导的要求对讲话稿进行了多次修改，在会议的前一天将讲话稿打印出来，放在了领导的办公桌上。

没想到，会议当天，领导发现自己拿到的讲话稿并不是最终版的，而是最初版的。领导很生气，不得不临时组织讲话内容。

为了杜绝上述问题，建议大家在修改稿件的过程中及时更新文件名，可以在命名文件的时候加上时间，如《××初稿——××日××时》《××修订稿——××日××时》《××最终稿——××日××时》，这样做能十分直观地分辨初稿、修订稿和最终稿。

3.4.3 标注太模糊，领导看不懂

【案例】

小张在讲话稿中对一些关键点进行了标注，如"重要观点""重要数据"等，但没有给出具体的解释或说明，导致领导因无法准确理解这些标注，在讲话时给出了错误的解读，引起听众的哄笑。

除此之外，小张还犯了一个错误——他想要展现自己的文学功底，在讲话稿里写了一句文言文："刻唐贤今人诗赋于其上"，但未标注断句，导致领导讲话的时候在这句话处卡了一下，讲话效果受到了影响。对此，领导在讲话后严肃批评了小张，责怪他没有标记清楚。

这个案例告诉我们，一定要仔细地标注每一个不好读、难理解

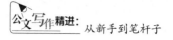

的内容,并且尽量不要写不常见的古诗,如果非要写,一定要标注好断句和释义。

3.4.4 文稿篇幅长,领导读不完

【案例】

小张为领导撰写讲话稿时非常认真,从背景介绍到解决方案,每个细节都写得非常具体。因为讲话稿篇幅过长,领导在台上讲了很长时间,台下的听众逐渐失去耐心,有人开始交头接耳,有人开始玩手机,甚至有人直接离开了会场。领导察觉到了听众的反应,心里很不舒服,但还是得硬着头皮讲下去。事后,小张被领导狠狠批评了一顿。

讲话稿的篇幅把控非常重要,一定要避免长篇大论。

每个领导的讲话语速不同,日常工作中,我们需要认真观察领导讲话的速度和习惯,以便合理安排讲话稿的篇幅和内容。

3.4.5 称谓太夸张,大家都尴尬

在公文中乱用领导称谓是一种不负责任的行为,这种行为不仅会显得写作者不够专业,还可能给领导带来困扰,引起领导的反感。

小提示

有些职场新人喜欢给领导"戴高帽",比如笔者曾遇见一个新人称呼领导为"伟大的领袖",殊不知这种称呼会让领导感觉不舒服,甚至如坐针毡。还有些新人喜欢使用一些过于亲

密的称呼，如"老板""老总"，这种称呼方式很不规范，会让领导觉得他们很不专业。

如何正确使用领导称谓？

1. 使用正式的职务名称

对于正职领导，可以直接使用职务名称称呼，如"市长""部长"。这种称呼方式既简洁明了，又能够体现对领导的尊重。

2. 使用姓氏加职务名称

对于副职领导或者级别较低的领导，可以在职务名称前加上姓氏进行称呼，如"李副市长""王副部长"。这种称呼方式能够亲切地表达对领导的敬意。

3. 使用尊称

在正式场合或者公文中，可以使用尊称称呼领导，如"尊敬的李市长""敬爱的王部长"。这种称呼方式既能够表达对领导的尊敬，又能够彰显规范性和正式性。

3.4.6 出席顺序错，必然遭批评

在公文写作中，明确领导的出席顺序是极其重要的细节，一旦出现错误，可能会对组织或公司的形象造成不可逆的影响。因此，作为写作者，我们必须保持高度警觉和专注，确保在这一点上不出任何差错。

在组织活动或召开会议时，领导的出席顺序通常决定着活动的流程、会议的议程，出席顺序正确是保证活动顺利进行和会议正常召开的前提。

那么，如何排列出席顺序呢？

1. 严选信息来源

在撰写公文前，一定要通过可靠的渠道获取领导的出席顺序和姓名信息，避免使用通过非正式渠道获取的信息，因为这些信息的可靠性难以保证。建议通过组织内部的正式通知或相关文件来获取信息。

2. 核实信息内容

获取相关信息后，务必仔细核实——可以通过与相关负责人直接沟通或查阅相关文件确保信息的准确性和完整性。核实过程中，如果发现任何疑问或不确定的地方，一定要及时与相关负责人沟通，切勿抱有侥幸心理。

3. 做好备份和记录

核实信息后，建议做好备份和记录。可以将相关信息存储在电子设备中或打印出来，以便随时查阅、使用。注意，要确保这些信息的安全性和保密性，避免泄露或遗失。

4. 多级审核和校对

设置多级审核和校对环节，确保领导的出席顺序和姓名不被误写或漏写。可以通过自查、互查，仔细校对和审核全文，重点检查领导姓名、职务、排序等关键信息是否正确。如果有条件，应该安排专人进行审核和校对，以提高公文的准确性和可靠性。

5. 及时更新信息

领导的出席顺序可能因为各种原因发生变化，故在公文写作过程中，应该养成及时更新信息的习惯。一旦发现有变化，要立即更新公文中的相关信息，确保公文中的相关信息与实际情况一致。

第 2 篇

进级篇

通过阅读基础篇,我们了解了公文的基本结构和写作规范,也学习了如何撰写公文。相信此刻大家已经对完成公文写作有了初步的把握。接下来,我们将进一步探讨公文写作的技巧和要点,逐个突破公文写作中常见的难点。

第 4 章

突破瓶颈，提升写作水平

许多写作者工作了很多年，在写作能力上一直没有得到质的提升；部分刚入门的新人在发现自己与别人有着实质性差距后，意志逐渐消沉，开始"摆烂"……类似的情况不是个例。那么，面对领导的不认可、现实与想象的差距、自我提升需求与日常工作压力的矛盾，我们该如何化解问题、突破成长瓶颈呢？本章将详细介绍相关内容。

4.1 公文改了无数次,领导还是不满意

不少写作者遇到过公文改了很多遍,领导还是冰冷地吐出一句"不行,再改"的情况。想要修改,但无从下笔,那种绞尽脑汁却束手无策的痛苦想必很多人有共鸣。本节,我们讨论一下公文到底应该怎么修改。

 ### 熬夜的付出与被忽视的无奈

在繁忙的工作中,我们常常遇到需要熬夜写公文的情况,而当付出大量时间和精力,满怀希望地将写好的公文提交给上级或同事,却被打回重写时的无奈和失望,只有经历过的人才能深刻理解。

公文写作是一个看似简单,实则复杂的工作。它不仅需要写作者深入思考,用简洁的语言表达准确的意思,还需要写作者具备严谨的逻辑思维和敏锐的洞察力,能够捕捉到细微的变化并做出相应的调整。但这些高难度的要求并没有得到写作者的重视。

对于很多初入职场的写作者而言,写出"一稿即过"的公文可能是一项重大挑战,因为他们缺乏专业的培训和指导,在写作过程中经常会犯一些错误。比如,他们可能会使用过多的行业术语或者过于复杂的句式,导致读者无法准确理解公文内容。又如,他们可能因未能准确理解领导的真实需求而被要求反复修改。这些问题的存在,使得很多写作者付出了大量的努力,却难以得到领导的认可和重视。

4.1.2 理解需求与实际操作的误差

写公文要像"拉磨"一样,既要有速度,又要有力度。公文的内容要充实、有力度,行文要流畅、简洁,观点要有针对性、有目的性,最终作品要能满足上级的使用需求。

在领导交代每周至少报送一篇公文的情况下,很多新人会感到有压力,不知道应该写什么内容。用这种以自我为中心的思维方式写公文,注定不会有很高的中稿率,因为写作者没有关注到领导的需求,只按照自己的想法去写文章,很容易与领导的要求脱节。

那么,如何准确把握领导的需求呢?

1. 认真学习上级文件

上级文件是了解领导的思想和工作部署的重要途径。通过学习上级文件,写作者可以了解领导的关注重点和工作思路,从而更好地把握公文的主题和写作方向。

2. 关注领导在重要会议上的讲话

领导在重要会议上的讲话往往是其关注重点和工作思路的集中体现。写作者需要关注领导在重要会议上的讲话,尤其是涉及本单位工作内容的部分,必须认真听,从而更好地把握公文的主题和写作方向。

3. 了解当前社会热点和政策走向

领导的关注重点往往与当前的社会热点和政策走向密切相关。写作者可以通过了解当前的社会热点和政策走向,更好地把握领导的关注重点和工作思路,从而更好地完成公文写作任务。

> **小提示**
>
> 有些写作者会说:"我只是一个'基层写手',有些重要会议和文件我根本接触不到,怎么办?"
>
> 解决方法是多关注上级机关和本部门的官方网站、社交媒体账号等,这些平台通常会发布领导的重要讲话、政策文件和工作动态,可以帮助我们了解领导关注的重点。

4.1.3 沟通不足,成稿与需求南辕北辙

在正式动笔撰写报告类公文之前,与上级机关对接人员进行电话沟通是十分必要的。通过电话沟通,写作者不仅可以了解上级机关对公文的期望和要求,还可以得到一些宝贵的建议和指点,这对撰写工作报告有重要的帮助。

在电话沟通中,写作者可以询问上级机关对相关报告的选题和切入点的意见、建议,具体包括以下几个方面。

(1)所定选题是否符合上级机关的要求?是否需要调整或改变?

(2)文章的重点和切入点应该如何把握?是否有需要特别关注或强调的内容?

(3)是否有具体的事例或数据?这些事例或数据可能会对公文的质量产生重要影响。

在去上级机关开会或者参加活动时,写作者也可以主动与对口部门的对接人员、相关工作人员进行沟通。在沟通中,要详细了解对方部门对公文的需求,包括目的、重点、角度、时限等。通过了

解对方的需求，可以更好地把握公文的撰写方向和重点，为接下来的写作提供指导。

通过多次沟通、交流，可以与上级机关建立顺畅的交流渠道。需要注意的是，在沟通过程中，要保持诚恳、耐心的态度，积极回应对方的需求和意见，主动提供自己的想法和建议，与对方建立良好的合作关系。

4.1.4 改稿太"折磨"，总是想放弃

作为写作者，我们经常需要面对反复修改文章的情况。这是一项挑战，也是一种历练。不管是新手还是老手，多数时候需要经过多次修改才能定稿，而每一次修改都可能涉及对文章整体结构和内容的重新思考和调整，需要我们付出大量的时间和精力。

写作如同磨刀，每一次修改，都是一次自我审视和提升的机会。在这个过程中，我们需要不断优化文章的结构、内容和语言，使文章更加完善。

J.K. 罗琳是笔者最喜欢的作家，她创作的《哈利·波特》全球畅销，深受读者喜爱。在创作这个系列作品的过程中，她经历了许多困难和挫折。初稿阶段，她所写的故事与现在读者所看到的大相径庭。通过不断修改和完善，她才创造出备受欢迎的魔法世界，成了世界上最成功的作家之一。这个故事告诉我们，不断地修改和完善是创作出优秀作品的关键。

现在的你或许会在修改的过程中感受到极大的痛苦和无奈，但也许在之后的某一天，你被夸奖写作有进步、你的稿子在机关组织的写作技能大赛中获奖时，你就会惊觉，原来之前的痛苦并不是白受的。大家要相信，没有任何错误是无法改正的，没有任何痛苦是

过不去的。

4.1.5 只做表面工作，自己骗自己

有些人很困惑："为什么我已经很努力了，还是没有任何进步？为什么我经常熬夜写公文，可领导总是不采稿？"答案是"也许你一直在自己骗自己"。

在职场中，我们常常遇到这样一种人：能言善辩，口若悬河，但一旦落到笔头上，结果往往不尽如人意。下面我们就来揭秘这种人的内心世界。

（1）逃避心态：这种人往往害怕工作，认为工作由很多烦琐且复杂的任务组成。他们在面对写作任务时，常常感到压力巨大，因此倾向于逃避，用各种借口来推卸责任。

（2）侥幸心理：这种人常常抱有侥幸心理，认为只要大致过得去，领导和同事应该不会注意到细节。因此，他们在写作过程中往往不够认真，"能混就混"。

（3）自我满足：这种人往往对自己的能力评价过高，认为自己的口才和思维已经足够应对各种工作任务。他们不愿意承认自己的不足，更不愿意花时间和精力去提升自己的写作能力。

那么，这些人写作时会怎么做呢？

（1）模板化写作：这种人往往不愿意深入研究公文的具体内容和需求，习惯于依赖模板和套话进行写作。虽然他们的公文格式大多规范，但内容往往缺乏针对性和实际意义。

（2）文字堆砌：他们喜欢用大量的华丽辞藻和长句展示自己的"才华"，但实际上，这些文字往往缺乏逻辑和重点，让人读后不知所云。

（3）应付心态：这种人对待写作任务，往往抱着应付的心态。他们只求按时交稿，并不关心文章的质量。

那些只做表面工作的人有时候自己都没有认识到原来自己只会做表面工作，这不仅会影响他们的工作效率和职业发展，还会对组织的正常运转产生负面影响。

虽然说公文写作有技巧，掌握写作技巧可以减轻我们的工作负担，但是依赖技巧无法帮助我们真真切切地提升自我。

如果你是这样喜欢"糊弄"的人，请尽快认识到问题的严重性，积极采取措施提高自己的写作水平，重视写作任务的完成质量。只有这样，才能在职场中获得更好的发展。

4.1.6 没有人指导，自我提升太艰难

有些人在遇到困难时，会抱怨没人指导，办公室里的同事都自己忙自己的，领导的水平也不高，根本给不出实质性的建议，自己埋头苦学，却总是一头雾水。

面对这种情况，该怎样实现自我提升呢？

我们需要意识到，即使领导的业务能力和公文写作水平达不到我们的预期，他们仍然有值得我们学习的地方：也许他们的沟通能力很强，能够有效地协调组织内部的关系；也许他们在管理方面有一套独特的策略，能够让整个团队保持高效运转；也许他们富有人格魅力，能够激发团队成员的工作热情……这些都是我们可以从他们身上学习的。

如果与同事没有沟通机会，可以主动创造机会。不要羞于袒露自己想向别人学习的意图，学习并不应该是一件让人感到羞愧的事。

有人说:"我主动沟通了,但是同事都很忙,我不好意思总是去麻烦人家,人家也没空搭理我。面对这种棘手的情况该怎么办呢?"

那就向外拓展自己的人际关系!体制内肯定不是只有一个单位,单位与单位经常会联合组织一些活动,如交流会、各种比赛,参加这些活动可以拓展人际关系。在活动中,我们有机会认识其他单位的写作者,这些人有着不同的经验和专长,我们可以和他们交流公文写作的经验,互相学习,共同进步,也可以向他们了解其他单位的工作情况和公文写作的最新动态,这对于我们的工作是非常有帮助的。

4.1.7 不会自我加压,缺乏内在驱动力

学会自我加压是成年人的必修课。有的人也许会抱怨:"成年人的世界里,压力已经够大了,领导、同事、父母给的压力还不够吗?还要自己给自己增添压力?"

此压力非彼压力,自我加压的"压力"实质是动力,这是一种自我驱动的力量,能够帮助我们克服困难。通过自我加压,可以敦促自己不断地提高写作水平。

大多数人不是天赋异禀的写作高手,自我加压能成为我们提升自己的有效途径。这种"压"并不是逼迫自己在应该休息的时候不断地写作、学习,压得自己喘不过气,它应该是发自内心的、迫切想提高自己能力的愿望,让我们真切地感受到自我提升带来的快乐。

对于想给自己施压、提升自己写作水平的写作者,笔者有以下几点建议。

1. 保持一定强度的写作训练

要想提高写作能力,需要保持一定强度的写作训练。不断练习是不断提高写作能力的前提。

例如,我们可以每天选择一个自己感兴趣的话题进行深入研究,并撰写一篇相关文章。这种训练不仅可以帮助我们提高写作能力,还可以增强我们对相关话题的认识和理解。

2. 形成笔耕不辍的习惯

要实现自我加压和保持一定强度的写作训练,关键是要养成笔耕不辍的习惯。

那么,如何养成笔耕不辍的习惯呢?

(1)设定目标、制订计划。

为了养成笔耕不辍的习惯,我们需要设定明确的目标并制订详细的计划。例如,我们可以设定每天写一篇500字的文章的目标,并制订一个详细的写作计划。有了明确的目标和计划,可以更好地掌控自己的时间和精力。

(2)创造良好的写作环境。

良好的写作环境可以帮助我们更好地进入写作状态。例如,我们可以选择一个安静的角落,播放轻柔的音乐或者使用香薰,创造一个舒适的写作环境。

(3)找到适合自己的写作方式。

每个人都有自己独特的写作方式和习惯:有些人喜欢在早晨写作,有些人则喜欢在晚上寻找灵感。我们需要做的是找到适合自己的写作方式,养成良好的写作习惯。例如,我们可以尝试在早晨进行头脑风暴、草拟大纲,在晚上进行深入思考并写出全稿。

(4)奖励自己。

要养成笔耕不辍的习惯,需要我们不断地激励自己。在我们完成一篇文章或者实现一个写作目标后,可以给自己一些奖励,这种奖励可以帮助我们更好地坚持下去。

4.2 想得太多写得太少,效率太低怎么办?

想得太多,就会做得太少。生活中,爱纠结、想得太多的人往往办事效率很低。

想得多对于写作者而言其实是件好事,因为写公文就是要求我们脑子里有想法、有观点,想得要全面。但很多写作者只顾着想,忽视了对效率的追求。

4.2.1 不知该快还是慢,难以把握节奏

在许多人的心目中,公文写作是一项慢工出细活的工作,需要花费大量的时间和精力去打磨。这种观念并不完全正确。虽然慢工出细活在一定程度上有道理,但我们不能被这种理论"误导",放弃对效率的追求。

在公文写作领域,人们普遍认为效率的高低与写作质量的优劣有着密切的关系。一般来说,花费大量时间对公文进行精心打磨,往往被认为是认真、细致的体现,其写作质量应相对较高;相反,如果一篇公文写得较快,往往被怀疑是"急就章",即为了尽快完成任务而忽视质量。

这种看法并不完全正确。虽然花费大量时间进行精心打磨确实可以提高公文质量,但并不意味着"出手快"就质量低。

事实上,有时候在较短时间内完成的公文能够更准确地反映现实问题,因为公文写作的目的是传达信息和解决问题,不是展示写作者的写作技巧。在某些紧急情况下,如果写作者能够迅速抓住问题的核心,用简洁明了的语言表达出来,作品往往更具实用价值。

"出手快"并不意味着敷衍了事、东拼西凑,如果写作者已经对问题进行了深入的分析和研究,对写作内容有了充分的把握,是能够在较短的时间内写出高质量的公文的。

因此,我们不能在"出手快"与"急就章"之间画等号。

许多优秀的公文写作者有快速写作的能力和经验,在评价公文质量时,我们应该更注重公文的内容,而不是仅关注写作时间的长短。

提高自己的快速写作能力,可以提高工作效率。在保证公文质量的前提下,快速写作可以为我们赢得更多的时间和机会,去处理其他重要事务。

4.2.2 轻重缓急分不清,凡事都想求完美

堆积的写作任务,有时就像一座座大山,压得我们喘不过气来。面对这些任务,我们不能"眉毛胡子一把抓",而是要学会抓大放小,有所侧重地进行创作。

有些稿件是常规化、程式化的,如贺信、上级机关要求定期提交的日常材料、礼节性致辞,这些稿件通常有较高的时效性要求,需要在短时间内完成。对于这些稿件,为了提高写作效率,我们可以提前准备好相应的写作模板。换言之,撰写常规化、程式化的稿件时,可以直接套用模板,充分利用之前的素材,进行适当的修改和调整,节省时间和精力,提高写作效率。

有些人对于这些常规化、程式化的稿件过于重视,字斟句酌、反复推敲,导致工作无法按时完成。这样做不仅浪费自己的时间和精力,还可能导致工作被延误,是分不清轻重缓急的表现。

工作中，我们要学会找到侧重点，让自己过得轻松一点。

相较常规化、程式化的稿件，我们应该将精力更多地放在更重要的稿件上，如一些重大会议的纪要、重要活动的演讲稿、汇报稿。面对重要稿件，我们需要深入理解领导意图，精细构思，仔细斟酌，进行高标准的写作。

4.2.3 材料选择太纠结，时间精力都浪费

刚接触公文写作的时候，笔者总是迫不及待地列提纲、填内容，往往没有准备充分就开始创作，导致写出来的文章不够理想。随着工作经验的增加，笔者逐渐意识到，只有经过充分的准备和规划，才能写出高质量的文章。

因此，后来，笔者会花费更多的时间去找材料、找灵感、找思路，先找到合适的素材和切入点，再动笔。然而，随着时间的推移和不断的学习、积累，笔者遇到了一个新问题：写公文时，经常在材料的选择上异常纠结，不知道用哪些材料更好。这种情况不仅浪费了笔者大量的时间和精力，还影响了笔者的写作效率。

面对这种情况，我们必须学会对材料进行分类和取舍。

假设我们需要写关于公司业务发展情况的报告，在写作前收集了大量的材料，如公司的年度报告、各业务部门的报告、行业分析报告等。面对这些材料，我们可以先对其进行初步筛选，筛选出与公司业务较为相关的材料，再通过分类对材料进行整理，比如，将材料分入"公司概况""业务数据""市场分析"等类别，待正式

写作时快速选取、使用。除此之外，我们还可以根据报告的结构和要求，选择外部材料辅助写作。

> **小提示**
>
> 在实际写作中，我们经常遇到材料内容矛盾或重复的情况，这时需要我们进行合理的筛选和取舍，选择更权威、更具代表性和时效性的材料，并查找更多相关材料对现有材料进行印证和补充，以确保所选材料准确、可靠。

对于公文写作来说，有大量素材积累无疑是好事，但千万别让繁多的素材反向影响我们的写作效率。

4.3 自我感觉良好，领导评价却不高

许多写作者感觉自己的公文写得挺好的，但交给领导后，领导的评价却不太高，经常听到的一句评价是"言之无物，太虚浮"。这往往是写作者在文章中堆砌了很多材料，却没有将文章捏合成一个有机的整体所导致。

4.3.1 内容空洞，写得太"虚"

文章太"虚"，这是新手写作者经常听到的一种评价。

为什么会得到这种评价呢？原因主要有以下几个。

1. 缺乏具体案例

公文中缺乏具体案例的支持，内容就会显得空洞，缺乏说服力。例如，一篇要求加强安全管理的公文，如果没有列举具体的安全事故案例，就很难让人意识到这个问题的严重性。因此，我们在写作的过程中，应该尽可能多地提供具体案例，增强公文的说服力。

2. 语言过于抽象

有些公文因使用过于抽象的语言，导致读者难以理解其所要表达的意思。例如，有如下一个公文段落。

2024年，我市的城市规划工作在市领导的大力支持及各区、县相关部门的协同努力下，始终围绕发展重点，积极探索创新路径，加快推进规划进程，不断增强执行力度，服务城市发展大局，出色地完成了一系列重要规划任务，涌现出众多表现优异的单位和个人。

乍一看，这一公文段落好像没什么问题，但仔细看，会发现其

中使用了很多较为抽象的词汇，如"发展重点""创新路径""规划进程""执行力度""发展大局"。发展重点到底是什么？创新路径包含哪些内容？规划进程的具体情况是什么？执行力度的强弱如何划分？都没有给出解释说明，这就是语言过于抽象的典型表现。

我们在写公文时，一定要避免使用这种缺乏实际意义的语言。

3. 缺乏针对性

没有针对具体问题或特定对象进行阐述，导致公文内容过于空泛，没有实际意义。例如，一篇关于加强企业文化建设的公文，如果没有针对某个具体企业的实际情况进行分析，很难让读者感受到其实用性和可操作性。

因此，写公文时，我们应该针对具体问题或特定对象进行阐述，提出切实可行的解决方案或建议。

以下是一篇新人写的工作思路，我们一起来看看这位新人犯了哪些错误。

尊敬的领导：

我谨代表××部门向您汇报工作情况。

近期，我部门在开展工作的过程中遇到了一些困难，主要表现在以下几个方面。

（1）工作推进缓慢：由于任务繁重、人手不足，工作推进缓慢，影响了整体进度。

（2）团队协作不够紧密：由于部门成员之间沟通不畅、配合不够默契，团队协作不够紧密，影响了工作效率和质量。

（3）人员素质参差不齐：由于部门成员来自不同的专业领域，人员素质参差不齐,影响了工作效果。

为了解决以上问题,我部门已经采取了以下措施。

(1)加强人员培训:通过组织专业的培训,提高部门成员的专业能力和团队协作能力。

(2)加强沟通协调:通过定期召开会议、加强与其他部门的沟通协调,提高团队协作能力和工作效率。

(3)加强人员管理:通过制订更加严格的人员管理制度和考核机制,激励员工更加积极地投入工作。

虽然我部门已经采取了一定的措施来解决工作中遇到的问题,但是还需要在人员培训、沟通协调、管理等方面继续努力。我们将认真落实您的指示和要求,继续努力提高工作效率和质量,为组织的发展做出更大的贡献。

案例公文中存在的问题及修改建议如下。

(1)具体化问题。公文中的问题描述过于笼统,没有具体的数据或实例支撑。比如,"由于任务繁重、人手不足,工作推进缓慢"可以更具体地描述为"由于任务量比预期增加50%,且人手减少20%,导致工作进度比计划滞后3周"。又如,"由于部门成员来自不同的专业领域,人员素质参差不齐"可以更具体地描述为"部门新成员中有一半以上缺乏相关领域的专业知识,需要接受额外培训"。

(2)细化措施。公文中的措施描述过于笼统,没有具体的实施计划或方法。比如,"加强人员培训"可以更具体地描述为"组织开展为期一周的专题培训活动,邀请业内专家授课"。又如,"加强沟通协调"可以更具体地描述为"建立定期跨部门沟通机制"。

(3)强调时限和效果。公文中提到"加强人员培训""加强沟通协调""加强人员管理"等措施,但均未明确具体的完成时限。以"加强人员培训"为例,可修改为"加强人员培训:通过每周组织一次培训或经验分享会,提高部门成员的专业能力和团队协作能力,使每位成员都能独立完成项目",随后说明计划在多长时间内完成多少场次的培训,以及期望通过培训使团队成员的专业能力和团队协作能力提高到何种程度。此外,"继续努力提高工作效率和质量"这一目标描述过于笼统,缺乏明确的时间节点和量化指标,可修改为"计划在××时间(具体时间段)内,将工作效率提高××%,工作质量达到××(具体标准)"。

(4)提高可行性。一些措施听起来很好,但在实际工作中可能难以实施或难以有明显的效果。例如,"组织专业的培训"这一措施需要有明确的培训计划、预算和人员安排来辅助落地。

4.3.2 事件堆砌,过于死板

不知道如何平衡"虚"与"实"的关系,是许多写作者面临的问题。有些职场新人可能会觉得,既然"虚"不好,那就往"实"写,于是陷入另一个极端——只写"实"。

什么是"实"呢?简单来说,就是具体、详细的事务。注意,只关注具体、详细的事务,罗列工作要点,会让读者觉得枯燥,很难引起读者的情感共鸣,进而很难激发他们主动投入工作的积极性。

要改变这种情况,我们需要在"实"的内容中巧妙地加入"虚"的内容。我们不仅要告诉读者应该做什么,还要让他们明白为什么要这样做。

例如,有一篇强调企业安全生产的公文,节选部分原文如下。

为保障生产安全,各部门要严格按照以下规定工作。

(1)每周进行设备检查,确保设备无故障。

(2)每月组织安全培训,每次培训不少于2小时。

(3)每季度进行安全演练,参与率达到90%以上。

对未达标的部门,将予以严肃处理。

改写后的该部分公文如下。

安全生产是企业发展的生命线,关乎每一位员工的生命安全和企业的长远发展。为了切实保障安全生产,各部门需要着重落实以下工作。

(1)每周对设备进行细致检查,及时排除潜在故障,为安全生产保驾护航。这是工作要求,更是对员工生命安全高度负责的表现。

(2)每月组织安全培训,每次培训不少于2小时。通过培训,让大家深刻认识到安全操作的重要性,将安全意识融入日常工作的每一个环节。

(3)每季度进行安全演练,参与率达到90%以上。演练旨在提升大家的应急处理能力,以便真正的危机来临时,我们能够从容应对。

对于执行不力的部门,将根据实际情况采取相应的督促、改进措施,以确保整体生产工作安全、顺利地推进。

通过改写,在保留原有具体措施的基础上,增加了对工作意义的阐述和对执行情况的灵活处理方法告知,使公文更具人情味和感染力,更容易被接受。

公文写作虚实结合,才能让公文既有"骨架",又有"血肉";既有"力度",又有"温度",更好地发挥指导工作、推动发展的作用。

第 5 章

技巧磨炼,打造精品公文

万事万物都在变化,唯有不断磨砺,才可能成为写作高手。从量变到质变的过程,是艰难且耗时的过程,面对各种材料、棘手的情况,不断精进自己才是破局之道。

5.1 掌握写作技巧，又快又好写公文

学习公文写作技巧，有助于我们高效撰写各类公文。本节，笔者将介绍一些实用的写作技巧和策略，比如，如何快速构思、如何使用恰当的语气和措辞。通过学习和实践，我们能够更加熟练地撰写各类公文、更加自信地应对各种写作任务。

5.1.1 学会鉴别，快速精进

公文写作中，鉴别什么样的文章是好的、什么样的文章是不好的非常重要。以一份优秀的会议报告为例，其内容必须具有针对性强、逻辑清晰、有条理、语言简洁明了等特点，以便详细阐述会议的主题和议题，体现具体的讨论内容和结论，提出切实可行的建议和方案，并列出行动计划和责任人。

那么，整体而言，什么是好文章呢？好文章通常具有以下特点。

（1）准确、清晰。例如，"最新数据显示，我们公司的销售额在今年上半年达到了1亿元"这个句子，准确地说出了公司的销售额，并且使用了"今年上半年"这样的时间限定词，表达非常准确、清晰。

（2）简洁、流畅。例如，"请各位同事在明天14:00至15:00参加公司组织的培训"这个通知，没有多余的词汇和句子，简洁明了且行文流畅。

（3）规范、正式。例如，"敬请领导审阅，望批复"这个结束语，使用了正式的语气和措辞，符合公文写作规范。

（4）有说服力。例如，"由于近期同类型产品不断涌现，竞

争对手纷纷降价促销，市场份额被大幅抢占，我们需要尽快采取措施，提高产品品质和服务质量，保持竞争力"这个句子，详细说明了市场竞争加剧的具体表现，强调了采取措施的紧迫性和必要性，极具说服力。

不好的文章与之相反，通常具有以下特点。

（1）模糊、笼统。例如，"我们公司的业绩一直在上涨，但我们需要做得更好"这个表述，没有用具体的数据和细节说明如何做才能做得更好、怎样做才算做得更好。

（2）烦琐、累赘。例如，"我们公司计划在未来几个月内推出一系列新产品和服务，这些产品和服务将覆盖更广泛的客户群体，提高公司的市场份额"这个句子，过于冗长，包含过多的细节和无关的信息，让人难以迅速理解关键信息。

（3）用词不规范。例如，"我们的产品真的非常好，相信你一定会喜欢"这个句子，措辞和语气过于随意，不符合公文写作规范。

（4）无说服力。例如，"我们应该提升产品质量和服务质量，进而提高客户满意度"这个句子，过于轻描淡写，没有使用有力的论据说明提升产品质量和服务质量的必要性。

5.1.2 减法原则，精简有序

作为正式的文本沟通方式，公文写作的目的是清晰、准确、高效地传递信息。写作时，应追求简洁明了的语言风格，以及条理清晰的逻辑结构。遵循减法原则，使文章精简有序是实现这一目标的重要方法。

词汇冗余是公文写作中的常见问题，使用多余的词汇会使文本显得啰唆和重复。例如，"关于这个问题，我们的看法是……"，句中的"关于"是冗余词汇，可以删去。

复杂的句子结构可能会使读者难以理解公文的含义，我们可以通过使用短句简化句子。例如，"我们已进行调查并发现了一些事实"可以简化为"我们已调查并发现事实"。

在运用减法技巧时，我们需要特别关注文本的逻辑结构和条理性，在删除冗余部分的同时，保证文本各部分之间的逻辑连贯。

下面是一个公文实例，我们遵循减法原则对其进行分析和修改。

【原文】

关于员工福利调整的通告

全体员工：

经过充分的讨论与研究，我们决定对员工福利进行调整。调整的原因是目前的市场环境、公司的财务状况，以及员工的需求均有变化。本次调整涉及薪资、奖金制度、培训计划等方面。具体内容如下。

薪资方面：我们将根据市场平均薪资水平和员工的工作表现进行合理的调整。

奖金制度方面：我们将引入季度绩效奖金制度，以更好地激发员工的工作积极性。

培训计划方面：我们将组织更多的专业技能培训，以提升员工的工作能力，使员工获得更好的职业发展。

我们希望本次调整能够更好地满足员工的需求，同时提高公司的整体竞争力。感谢大家对本次调整的理解和支持！如有任何疑问或建议，请及时与人力资源部联系。

特此通告！

××（公司名称）

××年××月××日

【分析】

案例公文整体较为完整，但存在冗余和重复的内容，条理性也有待提升。

【修改后】

员工福利调整通告

鉴于市场环境、公司财务状况及员工需求的变化，我们将对员工福利进行调整，具体内容包括调整薪资水平、引入季度绩效奖金制度、组织更多专业技能培训。这些调整旨在更好地满足员工需求，同时提高公司的整体竞争力。感谢大家的理解和支持！如有疑问或建议，请及时与人力资源部联系。

特此通告！

××（公司名称）

××年××月××日

5.1.3 一字之差，谬以千里

公文写作需要精准、严谨，每个字词都需要仔细推敲，有时候，一字之差有可能导致公文含义大变。因此，在写作过程中，我们要格外关注字词的选择和使用。

例如，虽然"严禁吸烟"和"禁止吸烟"只有一字之差，但前者更具严肃性和令行禁止性，后者只表达了禁止的意思。

刚进入某公司工作时，领导安排笔者起草一份通知，要求各部

门撰写年度工作总结。起草后,领导将笔者所写通知中的"请将总结报告提交至××"改为"请将总结报告回复至××",这一修改是有误的,因为"提交"多用于上下级之间,而"回复"更适合用于平级之间的沟通、交流。

还有诸多类似的例子,比如,虽然"请将相关情况报至××"和"请将相关情况复至××"的区别只有一个字,但是意义差很多——"报"多用于上下级之间,而"复"更适合用于平级之间的探讨、协商。

这些例子都表明,在公文写作中,一字之差可能会严重影响公文的准确性。因此,在写作过程中,我们必须反复审查和校对文本,确保每个字的使用都是准确的。

那么,有哪些方法可以避免用词不当这种情况的发生呢?

1. 使用校对工具

现在有很多校对工具可以帮助我们发现文章中的低级错误。这些工具通常基于人工智能技术,可以自动检测错字、别字、漏字等问题,并提供相应的修改建议。

> **小提示**
>
> 虽然现在科技发达,智能工具种类繁多,可以帮助我们更快地发现错误,提高工作效率,但千万不要过于依赖它们。工具是不可能完全替代人工的。

2. 注重细节和语法检查

在写作和复核时,我们要注意检查公文的用词是否准确、语法是否正确、标点符号使用是否规范等。如果有不确定的地方,要及时查阅相关书籍或者咨询专业人士。

3. 培养语感

只有平时多读、多写，才能逐渐提高对语言的敏感度和判断力。复核文章的时候，可以大声地、逐字逐句地朗读，以便发现问题，避免出现低级错误。

4. 寻求他人的帮助

检查与复核是提高公文质量的重要环节。一个人的力量有限，我们可以寻求他人的帮助。比如，让同事或领导在审阅稿件的过程中挑问题，并提供建设性的意见。又如，加入公文写作讨论群，与其他人分享自己的经验，共同提高公文写作能力。

高瞻远瞩，提升站位

高瞻远瞩、提升站位是公文写作中的一个非常重要的写作原则，遵循该原则，能使公文更具全局性和前瞻性。遵循该原则，要求我们写作时不仅要考虑当前的状况和需求，还要考虑未来的趋势和发展。

下面我们通过两个案例说明如何提升站位。

【案例一】

近年来，我市公共交通设施建设与维护存在诸多问题，如公交车老化、车站破损、线路不合理，导致市民出行不便。为了解决这些问题，我局决定投入更多资金对公共交通设施进行改善。

【分析】

案例从当前存在的问题出发，提出要改善公共交通设施，但只考虑了当前的问题和解决方案，未考虑未来可能出现的新问题和市民需求的变化。

【修改建议】

在提出解决现有问题的措施的同时,考虑未来交通状况可能有的变化,以及市民可能增加的需求,如预见未来可能出现的交通拥堵问题,并制订相应的解决方案;增加对智能公交系统建设的投入,以便更好地满足市民可能增加的多元化出行需求。

【案例二】

我县的农业产业目前存在生产效率低下、技术落后、产品单一等问题,为了提升农业产值和农民收入,我县决定加大农业技术的研发和推广力度,优化农业产业结构。

【分析】

案例指出了该县当前农业产业存在的问题,并提出了相应的解决措施,但站位相对较低,未充分考虑未来市场可能出现的风险和变化,以及农民可能增加的需求。

【修改建议】

在提出解决措施的同时,充分考虑未来的市场风险和农民的需求变化,关注如何更好地保障农民的利益。例如,预见未来可能出现的自然灾害、市场竞争等问题,并制订相应的应对方案;增加对农民的职业技能培训,帮助他们更好地适应未来的农业产业发展需求,提高他们的收入水平和生活质量。

小提示

提升公文的站位,需要我们在撰写公文时有更长远的眼光和更全面的考虑——不仅要解决当前的问题,还要预见未来的趋势;不仅要满足现在的需求,还要考虑未来的变化。

5.2 具备大局思维，完善全局视角

拥有大局思维和良好的分析能力，可以帮助我们更好地应对复杂的公文写作任务。本节将介绍如何全面地看待问题，对信息进行筛选、判断和评价，以及如何运用大局思维来构思、撰写公文。

5.2.1 写作有依据，避免内容含混不清

公文写作需要基于明确的事实和可靠的依据，避免出现内容含混不清的情况。以写政策性文件为例，涉及的政策措施必须要有明确的法律依据和事实支持，如果文件中存在含混不清的情况，会导致读者对文件的信任度和接受度降低。

想写出优秀的公文，我们需要提升筛选信息的能力，选择完整、可靠的事实来支持自己的观点和主张。下面来看一个案例。

小华被指派给单位"一把手"写一份报告，主题是谈一谈单位最近的绩效管理情况。在小华提交给领导的报告中，有一段话如下。

根据上级要求，我们单位制订了严格的绩效管理制度。通过对员工进行全面评估，我们发现去年有八名员工在绩效考核中表现较差，分别是××、××、××……。这些员工在工作中存在不同程度的问题，如工作效率不高、团队合作能力不足。为了解决这些问题，我们采取了一系列措施，包括对他们进行一对一辅导谈话、给他们提供培训机会等。

看了小华提交的报告后，领导提出了如下问题。

（1）去年考核较差的八名员工，他们的绩效评分分别是多少？这些数据可以证明他们哪些方面表现较差？

（2）你们采取了帮助措施，效果如何？有没有具体的改进计划和时

间表？

（3）你们如何保证帮助措施的有效性？有没有建立相应的监督机制？

（4）你们的绩效管理系统中有没有员工晋升和奖惩机制？如果有，具体是如何实施的？

（5）去年考核较差的员工中，有没有人已经离职或者被调离岗位？如果有，原因是什么？

小华发现，领导提出的问题他一个也回答不出来，因为在写报告时，他并没有对这些基础信息进行细致的核实和深入的思考，只是按照常规的写作流程完成了任务。

这个案例提醒我们，在写公文时，一定要关注信息的准确性，每句话都要有出处，每个数据都要真实、准确、完整，不能因为任何原因忽略对基础信息的核实。

5.2.2 多技巧结合，长篇写作不慌不忙

在写篇幅较长的公文时，需要使用一定的技巧和方法，如分段、分节、设置小标题、使用图表或图片。合理分段、分节可以使文章更加清晰明了；设置小标题可以突出关键信息，引导读者阅读；适当使用图表或图片，可以增强文章的可读性和吸引力。

例如，写年度工作报告时，可以使用"总—分—总"结构组织内容，用图表形式呈现工作成果，用小标题概括重要观点，让文章更有条理，让读者更加清晰地了解报告的主要内容。

正所谓"书山有路勤为径，学海无涯苦作舟"，要想取得一番成就，啃下难啃的骨头，提升自己对文字的驾驭能力，我们需要在诸多方面下苦功夫。以下小技巧能帮助我们更快速地写好长篇

公文。

1. 使用思维导图梳理文章脉络

思维导图是一种有效的思维整理工具，可以帮助写作者快速把握文章要点和各部分的逻辑关系。在写作过程中，写作者可以使用思维导图梳理文章脉络，更好地展现核心观点。

2. 使用表格辅助写作

在长篇公文写作中，表格是一种极其实用的工具。使用表格，可以对相关数据进行归类、整理，使数据更加直观，使整篇文章更加有条理。

3. 使用大纲视图组织材料

使用大纲视图，可以快速查看和编辑公文的标题、段落，梳理各部分内容之间的逻辑关系，确保公文的条理性。

4. 使用标记和注释整理思路

使用标记和注释可以帮助写作者整理思路、明确写作重点。写作者可以使用不同颜色的文字、下划线等区分不同类型的内容，并使用注释解释特定部分的意义和写作目的，突出关键信息，确保公文的准确性和连贯性。

5.2.3 内容与形式并重，好文章经得起推敲

公文写作需要深入挖掘主题，广泛收集材料，确保公文内容充分、翔实、有说服力，同时要合理确定呈现形式，使公文更规范。

合适的标题、字体、排版等，可以使公文更具可读性。内容与形式并重，公文才能更正式、更易读。

以下是两个反面案例。

【案例一：缺少内容的通知】

尊敬的同事们：

公司将于下周举行年度会议，请大家务必参加。具体时间和地点将另行通知，请大家做好准备，认真听取会议内容。

谢谢大家的配合！

××（公司名称）

××年××月××日

这份通知缺少会议的时间、地点、议题等重要信息，使得读者无法了解会议的具体内容和安排，几乎是无意义的。

【案例二：形式有误的报告】

最近公司推出了一款新产品，以下是与该产品的市场表现有关的数据和信息。

产品销售额：最近一个月，该产品的销售额为100万元。

销售渠道：该产品主要通过线上渠道进行销售。

目标客户：该产品的目标客户是年轻人。

市场反馈：据我们了解，该产品的市场反馈非常好，很多消费者对该产品的设计和性能非常满意。

未来展望：我们将继续对该产品的市场表现进行跟踪和分析，并根据市场需求进行相应的改进和升级。

以上是我们对该产品市场表现的一些分析和看法，希望该产品能够得到大家的认可和支持。谢谢！

××部门

××年××月××日

这份报告的呈现形式非常不规范,字体、字号不统一,行距也不一致,此外,没有任何图表或图片帮助读者理解文字内容,很难让读者产生阅读兴趣。

5.2.4 立足全局找问题

在指导新人写公文的过程中,笔者经常被询问应该如何写"找问题"部分的内容。确实,找问题对于许多职场新人来说是一个写作难点。

找问题涉及对问题的深入分析和研究,需要我们具备敏锐的观察力。找问题的难点主要表现在以下几个方面。

(1)深度和广度不好把握。若问题找得太深,容易"误伤"领导或同事;若问题找得太浅,上级机关很可能认为我们没有深入分析问题。

(2)角度和方法不好把握。如果从自己的角度出发找问题,容易忽视其他人的感受和需求;如果单纯地把问题归咎于某个人或部门,很可能遗漏整个系统的问题。

(3)内容和形式不好把握。如果问题找得很笼统,有不具体、不明确的错误;如果问题找得太花哨或太夸张,有不实际、不实用的错误。

下面举个例子。

小A领到一个任务——根据材料,针对问题提炼标题。

材料描述了公司在市场营销方面的投入与收益存在的显著差异。不同产品线的营销投入有高有低,总体来说,高投入的产品线获得的收益更高,但也有一些产品线投入较高，收益不尽如人意；还有一些产品线，在投入较低的情况下，获得了不错的收益。

小A迅速提炼出标题：《投入高的产品线收益低，投入低的产品线收益高》。

小A犯了哪些错误呢？

1. 太绝对

材料中确实提到有些高投入的产品线收益低，但是所有高投入的产品线收益都低吗？当然不是。这个标题太绝对，反映出小A只是泛泛地阅读了材料，没有深入地了解材料内容。

2. 偏离核心问题

材料提到了不同产品线的投入差异和收益差异。按理说，产品线投入高，收益应该随之较高，但这个材料展示了一些不同的现象：有些产品线投入高但是收益低。由此可见，个别产品线的投入与收益不成正比才是材料反映的核心问题。

5.3 学会搜索素材

高效地搜索和整理公文写作所需的素材,能有效提升公文写作效率。本节,笔者将介绍一些实用的搜索技巧和工具,并分享一些整理和归纳素材的方法。

5.3.1 使用 site 命令

信息化时代,网络是我们获取信息的重要途径之一。如何在海量的信息中快速、准确地找到自己所需要的?答案是使用 site 命令。

使用 site 命令可以指定搜索网站,其用法为"××site:(网站域名)",××为搜索关键词,与 site 之间有空格。例如,在搜索引擎中输入"视频剪辑 site:www.zhihu",所有搜索结果都来自知乎。

这个搜索方法可以帮助我们快速找到特定网站上的相关素材和资料,提高搜索效率。

我们知道,".com"是商业网站的后缀,这个后缀可以被替换,如替换为".org(非营利组织网站)"或".net(网络服务机构网站)"。

使用 site 命令时,需要注意以下几点。

(1)确保网站的网址正确。

(2)将 site 命令与其他搜索指令结合使用,如与关键词、文件类型结合使用,获取更精确的搜索结果。

(3)如果目标网站有多个域名或子域名,需要使用多个 site 命令分别搜索。

> **小提示**
>
> 除了政府网站,还有一些网站是我们学习公文写作的常用网站,例如,人民日报、新华社等新闻媒体的官方网站,《中国纪检监察报》的官方网站等政策解读类网站,"共产党员"等官方微信公众号。这些网站和移动端学习平台都是我们获取相关素材的途径。

以搜索"企业文化"相关内容为例,我们可以使用以下几种方法进行精准搜索。

1. 标题搜索

在目标网站的搜索框内输入"企业文化"后,选择"标题搜索",即可找到该网站内所有包含"企业文化"4个字的文章标题。

2. 关键词搜索

在目标网站的搜索框内输入"企业文化"后,选择"全文搜索",即可找到该网站内所有包含关键词"企业文化"的文章。

3. 分类搜索

一些网站和移动端学习平台会对其中的文章进行分类,我们可以根据分类找到与"企业文化"相关的文章。

4. 作者搜索

一些作者会在文章中标注自己的姓名或笔名,我们可以使用作者的姓名或笔名搜索该作者的文章。

5. 时间搜索

大部分文章会在发布时标注发布时间,我们可以使用发布时间搜索在目标时间段内发布的文章。

5.3.2 建立专属素材库

建立专属素材库，可以帮助我们更好地管理和使用各种素材。例如，我们可以建立一个文件夹，专门存储所有关于"环境保护"的素材，包括相关的政策法规、新闻报道、研究论文等。这样不仅可以避免重复收集相同的素材，还方便我们随时查找、使用相关素材，提高写作效率。

收集素材是一项具有挑战性的工作，因为它涉及如何在积累更多素材和方便查找之间找到平衡。有时候，即使我们记得某个素材被收集过，也可能花费了大量时间却找不到它。

要想既有"充足的库存"，又能"便捷地查找"，笔者强烈建议大家建立条理清晰的专属素材库。注意，虽然如今的互联网十分便捷，但传统的信息渠道不可忽视，报刊上的文章也可以成为我们的素材。

根据工作需要，可以建立以下几种素材库。

1. 政策法规素材库

政策法规是开展各项工作必须遵循的准则，掌握国家及地方相关政策法规的变动情况，了解政策法规的内涵，是写好公文的前提。

一方面，我们要熟悉自己所在机关当地的政策法规，特别要关注近期出台的政策法规；另一方面，我们要了解其他地区的政策法规，学习先进地区的经验，结合实际，运用到自己的工作中。

2. 群众需求素材库

很多公文，如领导讲话稿，写作时需要深入基层，了解群众的需求、群众关注的热点问题，以及群众对当前工作的期望和要求。

因此，日常工作中，我们要善于收集群众的意见和建议，将群众的智慧融入自己的工作，真正做到以人民为中心。

3. 案例和经验素材库

在日常工作中，要注重积累案例，学习、借鉴别人的经验，以此指导自己的工作。我们不仅要善于收集成功案例，还要善于收集失败案例，总结经验教训，为今后的工作提供借鉴和参考。

4. 创新思维素材库

写公文时没有灵感，可能是因为素材积累得不够，也可能是因为缺乏创新思维。日常工作中，我们需要积极收集创新案例和创新成果，逐步让自己拥有越来越多的新观点、好想法。

5.4 "行话"、机关用语要掌握

掌握体制内的"行话"和机关专用术语,能够更好地表达思想、高效沟通。

使用这些"行话"时需要注意,场合要合适、用词要准确,避免使用过于口语化或不规范的词语,影响公文的正式性和严肃性。想要做到这一点,需要及时了解最新的政策和流行用语。

下面列举一些常用的机关用语,并解释其含义。

钉钉子精神:指在工作中抓住细节,一抓到底、务求实效的精神。

两张皮:指在实际工作中,两个部门缺乏配合、各行其是。

一把手:指单位的主要负责人。

二传手:指在工作中发挥协调作用的人,其通常没有决策权。

三定方案:指对某个机构或岗位进行定编、定岗、定责的方案。

三色管理:对工作进行分类管理的一种方法,将工作分为重点工作、常规工作和创新工作。

三会一课:指定期召开支部党员大会、支部委员会、党小组会,并按时上党课。

四议两公开:指针对重大事项,由领导班子集体讨论决策,并公开决策过程和结果。

四不两直:"四不"指不发通知、不打招呼、不听汇报、不用陪同接待,"两直"指直奔基层、直插现场。"四不两直"现作为一种工作方法,多用于暗查暗访,减轻基层的压力。例如,督察组"四不两直",来调研、指导工作。

一岗双责：指一个单位的领导干部应该对这个单位的业务工作负责，又要对该单位的党风廉政建设负责。

疏堵结合：指处理问题时，既要"疏"，又要"堵"；既要顺应，又要管束。"疏堵结合"既可以作为管理方法，又可以作为写材料时的对策。

传帮带：指一种传统的、以老带新的工作方法——在工作和学习中，老手带新手，上级带下级，传授经验，帮助新人成长，大家共同进步。

头雁效应：指起带头作用的人，一般指领导干部。

……

有些新人十分苦恼：这么多"行话"，该怎么在短时间内记住呢？

其实不用过于担心，因为机关用语数量虽然不少，但是常用的有限。以下是一些收集并快速记住这些体制内"行话"的小技巧。

1. 积极参与实践

"行话"和机关用语常在实际工作中使用，因此，积极参与实践是快速学习并记住它们的最好方法。我们可以在工作中主动观察、模仿同事们的言行，并逐渐尝试自己使用这些"行话"和机关用语。

2. 借助网络搜索

现在网络非常发达，我们可以使用搜索引擎查找相关的"行话"和机关用语，了解它们的含义和用法。

3. 建立自己的词汇表

将学到的"行话"和机关用语记录在一个词汇表中，方便随时查阅。这样做可以更快地掌握它们，并在适当的时候使用。

第 6 章

分门别类学习，掌握底层逻辑

公文类型众多，不同种类的公文有不同的特点与写作要求。先分门别类地学习，再融会贯通，有助于我们更扎实地掌握公文写作的底层逻辑。

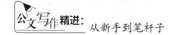

6.1 工作思路，找准路径

工作思路即工作蓝图。工作思路和规划绝不可随意虚构或草率拼凑，必须结合实际工作，实事求是地拟定。拟定工作思路的好方法是紧跟领导，了解其所思所想。

6.1.1 领导心思，化暗为明

化暗为明是一种高超的写作技巧，要求我们在写公文时，通过细节捕捉领导的真实意图。有时候，领导可能出于某种考虑，不便或不愿公开表达自己的意图，这时，我们需要有足够的敏锐度，通过上级的眼神、手势、语气领会其真实意图。

例如，若领导在交办任务时语气较为严肃，或者在解释某个问题时含混其词，可能意味着领导对该任务的重视程度较高，或者对该问题有保留意见。此时，我们需要特别留意领导的言外之意，在撰写公文时将这些言外之意巧妙融入。

在揣摩领导意图的过程中，需要注意以下两点。

第一，要理解领导的言外之意。例如，若领导在讲话中使用比喻或者类比的手法，就需要我们深入理解其背后的意图。

第二，注意文化背景和惯用语言。由于文化背景和惯用语言有差异，不同人的表达方式有所不同。揣摩领导意图时，需要考虑这些因素的影响。

在将领导的意图融入公文时，需要注意以下几点。

1. 直接引用与间接引用相结合

在文稿中引用领导的讲话或者指示时,需要根据语境灵活处理。对于较为重要的观点和意见,可以直接引用;对于较为笼统或者模糊的意见,可以间接引用。

2. 突出重点

撰写公文时,需要突出重点。对于领导特别强调的内容或者要求,需要加以突出,比如,使用加粗、斜体、下划线等方式进行突出显示。

3. 注意细节

将领导的意图融入公文时,需要注意对细节的处理。例如,对时间、地点、人物等关键信息进行核实和确认;对较为复杂的专业术语进行适当的解释和说明。这些细节处理可以让公文更加严谨、准确。

6.1.2 跟紧领导,别掉队

在工作中,领导既是我们学习的榜样,又是我们的工作思路和工作灵感的重要来源。

有些写作者每天闷头写自己的稿子,但凡有需要跟领导接触的场合,一律回避,看见别人跟着领导调研、参会,心里还疑惑:"为什么大家经常围着领导转呢?"没想到时间久了,人家的工作思路、工作报告写得深得领导的心,自己一写就遭领导批评。

这种情况就是典型的"掉队",不仅在现实生活中"掉队"了,还在思想层面"掉队"了。想要写好工作思路,一定要紧跟领导。

以下是建议大家紧跟领导的几种场景。

1. 调研、考察：深入了解领导思想的闪光点

调研、考察是领导获取基层信息、了解实际工作情况的重要途径，在这个过程中，我们常常能够捕捉到领导思想的闪光点。注意，这些闪光点是在实践中产生的，是领导对工作的深入思考和总结。

比如，在调研、考察中，领导听取基层工作人员的反馈后，提出了全新的工作思路，不仅能够解决当前存在的问题，还能够为未来的工作指明方向。

在这个过程中，我们既可以感受到领导思想的深度和广度，又可以学到如何在实践中总结经验、发现问题，并提出解决方案。

2. 接访：留心观察，了解领导的思维方式

接访是领导了解基层情况、解决基层问题的重要方式之一，我们需要留心观察领导的接访情况，了解领导的思维方式和工作方法。

3. 开会：做好会议记录及其整理工作

跟领导开会是了解领导工作方法和工作思路的重要途径之一，我们需要做好会议记录及其整理工作，在今后的工作中随时查阅和学习。

比如，在一次跟领导开会的过程中，领导安排笔者记录他的讲话内容。通过认真记录，笔者不仅了解了领导的工作思路和决策过程，还学到了如何抓住重点、全面思考问题。在整理会议记录的过程中，笔者不仅将领导的讲话内容整理成了条理清晰的文字材料，还对其进行了分类和归档，为笔者之后的工作储备了重要的参考和借鉴材料。

小提示

在跟随领导外出工作的过程中，可以在允许范围内充分使用各种设备，如录音笔、相机等，随时记录领导的讲话。

6.2 工作总结，亮点呈现

对每个单位和个人来说，工作总结都非常重要，它不仅是对过去一段时间里工作的回顾，更是通过复盘为未来工作提供精进的方法。本节将介绍写工作总结的小技巧。

6.2.1 总揽全局，总结经验

努力工作很重要，善于对工作进行总结，让领导和同事看见我们的努力也很重要。

通过阅读工作总结，领导能够快速了解我们这一年里干了什么、取得了什么成果、遇到了什么问题，以及对未来有什么规划。

有些人会遇到这种情况：自己干了很多活儿，可是写工作总结时却有无从下手的感觉。为什么呢？很可能是因为这些人没有及时将自己的工作内容、成果和问题转化为文字。

总结，应该先总后结。

"总"，要总揽全局，不能只盯着自己眼前那点事儿，得把相关的所有情况都收拢在一起，总括全貌，注意，不能只关注正面，反面也必须展示出来。例如，我们做了一个项目，取得了不错的成绩，展示成绩是正面；在项目推进的过程中，有沟通不畅、资源分配不合理等问题，对这些问题进行汇总与反思是反面。正反兼备，总结出来的东西才客观、实在。

"结"，要义在于反映结果、总结方法。汇总工作成果只是第一步，要写出有分量、高质量的总结，还需要通过汇总工作成果深化认识、提炼经验，总结出规律和方法，对整体工作流程进行优化。

比如，一位销售人员写了一份工作总结，详细描述了他如何使用各种方法成功地完成了任务，包括开发新客户、维护老客户、开展促销活动等，除此之外，他还提到了工作中遇到的一些问题，如客户对产品的负面反馈、竞争对手的行动等，给出了相应的解决方案。这样的工作总结不仅能够让领导了解他的工作成果，还能够展示出他解决问题的能力和战略眼光。

与此相反，如果一位销售人员只是简单地写下他完成了多少销售任务，没有详细介绍他的工作过程和遇到的问题，那么，他的工作成果再优异，也很可能会被误以为是偶然的结果，因为他没有展示出他的实际能力。

6.2.2 重点内容要选好

写工作总结时，很容易陷入追求"全能总结"的怪圈。有些写作者会想："我要把所有的事情都写进去，让每个人都看到我的努力。"在这种想法的指导下，他会不管三七二十一，把所有材料都堆砌进去，形成一篇杂乱、不知所云的工作总结。

选好重点内容是写好工作总结的重要一步。

什么叫重点内容？

1. 涉及重大决策的内容

在一定时期内，根据本单位或本部门的实际情况，做出或参与做出了重大决策，如银行贷款、项目投资、人事改革，对本单位或本部门的生存和发展产生了重要影响，实施后取得了较好的效果，相关内容应该成为工作总结的重点内容。

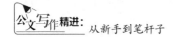

那些未经深思熟虑便盲目跟风、人云亦云，缺乏自主创新精神的决策，即使没有错误，也不应成为工作总结中的重点内容。

2. 体现集体智慧的内容

做任何工作都离不开集体的智慧和力量，工作总结中应该体现集体智慧，详细描述每个环节的工作内容、每个人的贡献，以及最终取得的成果。

那些没有充分发挥集体力量、未体现团队协作精神，仅凭个人智慧完成的工作，不应该成为工作总结的重点内容。

3. 符合长远利益的内容

工作总结要着眼于长远利益，反思工作中不利于可持续发展的内容。例如，工作总结中可重点提及单位和部门在推动环境保护、承担社会责任等方面的工作。

4. 有潜在价值的内容

在工作总结中，应该给予那些目前尚未得到充分体现但具有潜在价值的工作足够的关注，通过分析、论证，充分挖掘其潜在价值，为之后类似的工作提供借鉴和指导。

缺乏潜在价值的工作，不应该成为工作总结的重点内容。

6.2.3 总结要全，但要避免写成"流水账"

许多人会将工作总结写成"流水账"——只简单地罗列所做的事情，不深入挖掘其中的价值和意义。

这种"流水账"，不仅无法让领导或同事了解我们的工作成果，还可能让别人觉得我们的工作缺乏深度和思考。所以，避免"流水账"式的事件堆砌，用有骨有肉的方式呈现工作成果是非常重要的。

那么，我们应该如何做到全面且有所侧重地完成工作总结呢？

要想做到这一点，可以从"成绩"和"特点"两个方面入手。

成绩要通过数据呈现。例如，"某部门去年卖了200辆车，今年卖了300辆，增加了50%"，直观、明确地说明了该部门业绩有大幅提升。

特点，即与众不同的地方，例如，公司推出一个前所未有的新产品，打开了新市场；某项技术获得大奖；部门推行了独特的业务模式；等等。

"总结要全"，就是要囊括所有工作成绩和特点，像装修房子一样，既注重硬装的质量，又考虑软装的舒适度。这样的总结，让人既能看到整体，又能欣赏细节。

6.2.4 个人计划要具体

写工作总结时，总结过去和规划未来是不可或缺的两个部分。特别是在个人工作总结中，个人计划很关键，它体现了我们对自身发展的规划，是我们在面对困难和挑战时前行的指南。

有些写作者写个人计划时习惯从网上抄，觉得这是无足轻重的内容；还有些写作者想认真写，却发现不会写。

以下是一位新人写的个人计划。

【原文】

提高销售额：在接下来的6个月中，我计划提高20%的销售额。为此，我将在市场营销和产品推广方面做出努力，通过优化销售策略、增加产品曝光率、拓宽销售渠道等，努力实现目标。

拓展市场：在接下来的 1 年内，我计划拓展新的市场，包括海外市场和二、三线城市的市场。我将与相关部门合作，积极进行市场调研，改进营销策略，以确保顺利打开新市场并取得良好的业绩。

提升个人能力：在接下来的 3 年内，我计划提升自己的工作能力和知识水平。我将积极参加培训课程、学习新技能和知识，并积极寻求领导的指导。

这个计划乍一看还行，不仅有清晰的方向，还有较为具体的行动，但细看可以发现，他没有明确每个步骤的具体实施计划及需要公司提供的支持和帮助，且在提升个人能力方面，他没有具体说明需要提升哪些能力、如何学习新技能。

【修改后】

提高销售额：在接下来的 6 个月中，我计划提高 20% 的销售额，具体方法包括进行市场调研，了解客户需求和竞争对手的情况，不断优化销售策略；提高产品曝光率，通过多种渠道进行宣传和推广，进而提高品牌知名度；拓宽销售渠道，扩大销售网络，增加销售额。在此过程中，我将积极寻求公司营销部门的支持和指导，以确保顺利实现目标。

拓展市场：在接下来的 1 年内，我计划拓展新的市场，包括海外市场和二、三线城市的市场。我将与相关部门合作，积极进行市场调研和竞品分析，了解目标市场的特点和需求。此外，制定具体的营销策略，包括产品定位、价格策略、渠道选择等，以确保顺利进入新市场并取得良好的业绩。在此过程中，我将积极寻求公司市场部门和销售部门的支持和协助。

提升个人能力：在接下来的 3 年内，我计划使用多种方法提升自己的工作能力和知识水平，如参加公司组织的培训课程，提高专业能力和知识储备；阅读相关领域的书籍，了解行业动态和趋势。此外，我将积极寻求领导的指导和同事的帮助，提高工作效率和团队协作能力。在此过程中，我将做好时间管理和计划安排,以确保顺利实现个人能力的提升目标。

通过对比可见,修改后的个人计划更有实操性,让人感觉这些个人计划是可以实现的。

笔者总结了写个人计划的几条原则,列举如下。

1. 态度积极向上

态度积极向上是写个人工作总结中个人计划的首要原则,这反映了我们对于自身发展的信心和决心。每个人的内心都住着一个更好的自己,对未来有着无限的期待和憧憬,因此,我们要充分挖掘自己的潜能。积极的态度能够让我们在面对困难和挑战时,带着坚韧不拔的精神,勇往直前。

2. 有目的性

每个人都会在工作中遇到各种各样的问题和困难,针对这些问题和困难,我们需要有目的地制订个人计划。这些计划应该以解决实际问题和满足实际需求为导向,既不能过于理想化,又不能过于消极、被动。

比如,如果发现自己在团队合作中存在沟通问题,个人计划应该包括提高沟通能力,并积极参与团队活动。又如,如果发现自己在专业技能方面存在不足,个人计划应该包括学习相关专业知识,或者寻求专业机构的帮助,提升自己的专业能力。

3. 有延续性

我们的工作是一个持续的过程,每个阶段都有不同的目标和任务,因此,我们的计划应该有延续性,以便更好地适应工作需求。

例如,我们在本年度的工作中发现了一些问题,这些问题可能需要在下一年度的工作中进行修正,那么在写个人计划时,我们就应该对这些需要修正的问题进行考虑,并制定相应的解决方案,以便在下一年度更加顺利地工作，提高工作效率和质量。

4. 与个人密切相关

在规划工作的时候，我们应该根据自己的实际情况和能力制订工作计划，而不是盲目接受单位或部门的计划。注意，与个人工作密切相关的内容都应该写进个人工作计划。

另外，要学会取舍，根据自己的实际情况和能力制订切实可行的工作计划，并在工作中不断学习和进步。

5. 主次分明

在规划下一步工作的时候，我们应该根据实际情况判断工作内容的重要性和紧急性，合理安排时间。对于重要工作，我们需要详细规划每个步骤和具体实施方案；对于常规工作，我们可以简要规划或暂时忽略。

6. 考虑全局

在思考下一步工作计划时，不仅要考虑个人的发展和成长，还要考虑整个团队和部门的需求。个人的工作计划要与团队的整体目标相协调，以便互相借力。

6.3 述职报告，言之有物

如果要为领导代写述职报告，写作者需要从宏观角度入手，仔细梳理领导在战略规划、团队建设等方面做的工作，展示领导的核心领导力。如果是写自己的述职报告，写作者需要从自身出发，展示自己的职业素养和能力。

 ### 6.3.1 述职报告与工作总结傻傻分不清

述职报告和工作总结是我们工作中经常需要撰写的两种公文，它们的撰写目的和内容存在着明显的区别。

1. 撰写目的不同

撰写述职报告是为了向上级领导或主管部门汇报工作进展、展示工作成绩，以获取更多的支持和资源，同时借机提出工作中的困难和面对的问题，寻求帮助和指导；撰写工作总结是为了回顾过去一段时间的工作，总结经验、教训，为未来的工作提供参考和借鉴，以便更好地开展工作。

2. 内容不同

述职报告主要包括工作进展情况、工作成绩、工作亮点、工作问题、工作困难等，其中，工作成绩和工作亮点是重点内容，需要突出自己的工作成果和贡献，同时真实地反映存在的问题和困难，并提出解决方案；工作总结的内容则更加广泛，包括对过去工作的回顾、分析、评价等，需要全面、系统地总结经验和教训，提出改进措施和建议，为未来的工作提供参考。

6.3.2 述职先找"职",不能错位

在工作中,我们经常需要撰写述职报告,然而,很多人会在撰写述职报告时忽略一个重要的问题:怎样找准"职"的定位。

找准"职"的定位是写好述职报告的关键。作为团队成员,我们需要明确自身的职责,以便更好地完成工作任务。

小张是新入职的员工,在公司担任初级经理,以下是他写的述职报告中的一段内容。

作为初级经理,我的职责是协调各部门的工作。在过去的一年里,我积极与其他部门进行沟通,并努力协调各部门的工作,确保我们的团队能够高效运转。我认为合理协调各部门的工作是非常重要的事,因为做好这件事,可以避免资源浪费、提高工作效率。

这段述职报告中,小张犯了两个错误。

(1)越位描述职责和工作内容。小张在述职报告中说他积极协调各部门的工作,这超出了初级经理的职责范围。这种越位描述会让领导和其他同事对小张的职责定位产生误解。

(2)工作重点不清晰。小张没有清晰地描述初级经理的职责和任务,而是将工作重点放在了协调各部门的工作上,这会导致领导和其他同事对小张的工作内容和成果产生怀疑。

以下是修改后的内容。

作为初级经理,我在本部门主要承担以下工作。

1. 协助上级领导制订本部门的工作计划和目标。

2. 负责组织、协调和监督本部门的工作进展。

3. 与下属保持良好沟通,及时了解他们的工作情况和困难,并给予指

导和支持。

4.及时向上级领导反馈和报告本部门的工作进展和困难。

在工作中,我认真履行了以上职责,并取得了一定的成绩。我参与了公司的××重点工程,负责协调本部门的工作;我积极与相关部门进行沟通,确保本部门能够高效运转;我注重与上级领导的沟通,及时报告了工作进展和困难。

6.3.3 自我成长是关键

无论我们在哪个行业、从事何种工作,不间断的自我成长都是在职场中取得成功的重要因素。因此,我们可以将学习与成长的过程写进述职报告。

例如,我们可以分享自己参加了某个专业培训课程,学习了新的技能,并运用这些技能提高了工作效率和团队业绩;我们可以讲述自己通过阅读大量关于行业趋势和前沿技术的图书,对行业的发展有了更深入的了解,能够更好地把握工作方向。

除了介绍学习到的新技能和知识,我们还可以强调自己在过去一年中的思考,如对自己职业发展的思考、对自身弱点的认识,以及为消除这些弱点制订的行动计划等。

> **小提示**
>
> 除上述内容,我们还可以分享自己在工作中遇到的挑战,以及如何通过学习新技能或寻求帮助应对这些挑战。这些经历能够证明我们有解决问题的能力,同时能够展示我们的潜力和团队合作精神。

以下是一个具体案例,展示如何在述职报告中介绍自我成长。

在过去的一年中,我在公司荣升项目经理。由于之前没有相关的工作经验,我意识到自己需要不断地学习和成长,以便胜任这个岗位,于是,我参加了为期三个月的项目管理培训课程。

在培训课程中,我接触了项目管理的理论知识、工具和技巧,并参与了一些实践项目。通过这个课程,我不仅学会了制订项目计划、分配资源、协调团队成员、监控项目进度等技能,还结识了一些其他行业的项目经理,他们的经验和见解让我受益匪浅。

除了参加培训课程,我还阅读了一些关于项目管理的书籍,同时参加了一些行业研讨会、网络讨论组,努力了解最新的项目管理趋势和技术。

通过学习和实践,我在工作中取得了显著的成果:我带领团队在规定的时间内完成了一个重要项目,获得了客户的好评;我帮助我的团队解决了一些复杂的问题,协调了各部门之间的合作。

在未来的一年中,我计划继续学习和成长。我希望能够参加更多的培训课程和研讨会,阅读更多的专业书籍,与更多的同行交流和分享经验,更好地提升自己。

案例报告中既有学习,又有成果,可以让领导看到该员工不仅有主动学习的积极性,还有将知识转变为成果的执行力。

6.3.4 真诚自信,具体生动

无论是交朋友、谈感情还是做事情,真诚是永远的"必杀技"。

每个人都有缺点和不足,在述职报告中,除了要详细记录成绩,还要真实面对自己的不足之处。

很多人在写述职报告时,拼命夸自己,这也会,那也会,一点缺点都不提，别人能信服吗？

在述职报告中写自己的不足之处时，我们不应该淡化或回避真实存在的缺点或问题，也不应该无意义地罗列无关紧要的不足。

以某公司部门经理的述职报告为例，对于自身的不足，他如实写道："在过去一年的工作中，我取得了令人骄傲的成绩，但同时存在一些明显的不足：我在团队协作方面有所欠缺，有时候在沟通和处理内部冲突时行为不够得当；我在个人时间管理方面做得不够好，导致有时候未能合理地安排工作优先级，造成了一些工作延误；我对新技术和市场趋势的了解还不够深入，需要加强学习。"

通过如实地反映自己的缺点和不足，让他人感受到自己的诚实和踏实，这种坦诚的态度是值得赞赏和信任的。

注意，在写述职报告时，我们应该进行深入的分析，剖析缺点存在的原因，分析这些不足的潜在危害，以及如何规避、改进。

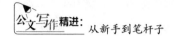

6.4 讲话稿,定位要准

写领导讲话稿,是写作者面对的一大挑战。写领导讲话稿,不仅要求写作者具备较高的文学素养,还要求写作者拥有丰富的沟通经验和敏锐的洞察力,能够使用细腻的笔触,深入挖掘领导内心的想法和期望,巧妙地将晦涩难懂的专业术语和信息用通俗易懂的方式表达出来。

6.4.1 场合不同,身份不同

在不同的场合,领导的身份往往不同。就像我们在公司里是员工,在家里是儿女一样,领导在公司里是领导,在外或许就是合伙人。

因此,写讲话稿的时候,一定要明确领导是要以什么身份出席什么场合。领导在不同的场合有不同的身份,讲话稿的内容要随之变化。

在重要会议上,领导要强调党的优良传统和核心地位,强调党员要坚定信仰、忠诚于党的事业,强调我们要发挥好党组织的战斗堡垒作用。

领导以党员身份在支部大会上发言时,讲话稿要更加贴近群众,多一些家长里短、趣味性的内容,基层党员会更容易接受。比如,领导可以分享自己的工作经历和人生感悟,提出针对当前形势的具体建议,引导大家树立正确的世界观、人生观和价值观。

领导参加团队活动或相关座谈会时,讲话稿要重点体现团队协作方面的内容,分享自己的经验和心得,引导大家一同营造良好的合作氛围。

领导面对媒体采访时,讲话稿要格外注重对客观事实的理性分析,应就相关问题进行坦诚交流,不要回避矛盾,也不要夸大其词,力求还原事实真相,用数据和事实说话。

除此之外,写作者还要充分考虑领导是在正式场合讲话,还是在非正式场合讲话;是以个人名义讲话,还是以组织名义讲话。

下面对正式场合讲话和非正式场合讲话的不同进行介绍。

1. 正式场合:强调整体规划和上级精神

正式场合需要使用严肃、正式的语言强调目标和价值观,讲话内容可以包括历史、成就、愿景、战略、计划等,以及对外部环境的评估,以便确定未来的发展方向。

2. 非正式场合:拉近团队关系并鼓励创新

在非正式场合,领导可以使用相对轻松、活泼的语言拉近团队关系,鼓励团队成员提出创新想法,讲话内容可以是个人经历、团队建设活动、成员的成绩等,也可以是对成员进行的激励,以提高团队的士气。

此外,领导以个人名义讲话和代表组织讲话有什么不同呢?

领导以个人名义讲话,重在表达领导的独立思考和独特情感,可以以分享职业经验、人生感悟,以及对公司或团队的独特见解为主。通过这种交流,员工可以更深入地了解领导的内心,感受领导对员工的独特关怀。这种感情传递,有助于增强员工对领导的信任。

领导代表组织讲话,传递的是来自组织的关怀和爱护,需要着重体现对员工个人发展的重视,以及对团队整体发展的重视,让员工感受到组织的温暖和正能量,激发员工的工作热情和创造力。

6.4.2 追求出彩，写出新意

创新是动力，无论在哪个领域，创新都必不可少。在起草领导讲话稿时，创新同样重要。讲话稿是领导传达思想、意图和指示的重要载体，通过创新，听者能更加有兴趣地、深入地理解领导的意思。

1. 注重观点的创新

一个好的观点，可以让人耳目一新，在起草领导讲话稿时，一定要注重观点的创新。观点创新，并不是要完全颠覆常见的观点，而是要结合实际情况，根据领导的思想和意图，提出新的、有针对性的观点。

例如，讲话中，领导基于对当前形势的深刻分析和对未来的科学预测，提出了一种新的发展思路，强调了创新的重要性，明确了"创新驱动，质量第一"的发展理念。

这个观点并不是全新的观点，但是在当前形势下，这个观点具有很强的针对性和现实意义，可以引导人们思考如何通过创新提高质量、如何实现高质量发展。

2. 注重思路的创新

在起草领导讲话稿时，一定要注重思路的创新，结合实际情况和领导的个人特点，选择恰当的写作思路和写作方向。

例如，在某市的产业升级推进大会上，领导讲道："我市曾是传统产业的摇篮，为地区的发展立下了汗马功劳，但时代的车轮滚滚向前，传统产业逐渐式微，我们不能躺在过去的功劳簿上睡大觉，而要勇立潮头，做产业升级的'弄潮儿'。以往，我们总是强调产业规模的扩大，忽视产业质量的提升；总是关注对大项目的引进,忽视对本土创新企业的培育。如今,我们要转变思路,既要抓大项目的'顶天立地',又要抓小企业的'铺天盖地';既要注重产业的'硬实力',又要着力优化产业的'软环境',让我们的城市成为创新的沃土、创业的乐园,吸引八方人才,共同书写产业升级的新篇章。"

讲话稿中提出的既要抓大项目,又要培育小企业;既要注重硬实力,又要优化软环境的发展思路,与传统的只注重单一方面的发展思路不同,这种综合考虑的思路更符合城市产业发展的实际需求,也更能够为城市的可持续发展提供有力的支持。

总之,只有不断地进行创新,才能在工作中取得与时俱进的成果。

6.4.3 贴近群众,讲"白话"

给领导写讲话稿,服务对象不仅是上级领导,还有听众席的群众。

一些官方文件或领导讲话稿,经常使用晦涩难懂的词汇和术语,虽然看上去很有深度和专业性,但实际上,普通读者或听众很难读懂或听懂。

我们要知道,普通读者或听众根本不会接触太多"行话",他们接触最多的是柴米油盐。因此,我们可以用"没有过不去的坎儿"来强调困境中的希望和坚持;用"空谈误国,实干兴邦"来强调行动的重要性;用"大河有水小河满,大河无水小河干"来表达只有国家繁荣昌盛,个人生活才能蒸蒸日上。这些富有生活气息的话语会让人感到亲切、自然。

口语化、接地气的表达方式需要经过长期的积累和锤炼,才能自如地运用在公文中。日常生活中,我们要多观察、多思考,把握群众的语言特点,逐渐形成自己的表达风格。对此,笔者有如下几个具体建议。

(1)紧跟时代潮流,学习运用网络热词、新词、佳句。如此,不仅能够让公文更富有时代气息,还能为文章注入蓬勃的生机与活力,以便更好地为人民服务,让广大群众能够更加直观地理解并接受我们传达的观点和理念。

(2)坚持"人民至上",摒弃过于烦琐、艰涩的措辞,用平易近人的语言阐述观点,拉近与读者和听众的距离。

(3)摒弃过分的雕琢和华丽的辞藻,尽量避免使用不切实际、空洞浮夸的语言。可以用朴实自然的语言、生动贴切的比喻和形象的描述把复杂的概念和理论表达出来;把抽象的道理具体化、形象化,用平易近人、娓娓道来的方式传递思想、理念和价值观。

6.4.4 真情实感,体现情怀

在领导讲话稿的写作中,自然地体现领导情怀是非常重要的。

如果一个领导对人民群众缺乏感情,那么他就无法真正了解人民群众的需求和期望,无法做出符合人民利益的决策,这样的领导是无法赢得人民群众的信任和尊重的。我们在给领导写讲话稿时,一定要在合适的时机展现领导的真情实感,具体可参考以下两种做法。

1. 体现对听众的关心和尊重

领导要在讲话中体现对听众的关心和尊重,这样才能真正打动听众。讲话稿中可以适当地加入与听众互动的语言,注意讲话的语气和态度,保持亲切、真诚、友好,努力让听众感受到领导对自己的关心和尊重。

例如,在一次企业内部讲话中,一位领导在开头部分与听众进行了简单的互动,询问他们的姓名和职务,感谢他们的辛勤工作和付出。这样的互动不仅拉近了领导与听众之间的距离,还让听众感受到了领导的关心和尊重,在此氛围中,听众必然更容易接受领导讲话的内容。

2.展现对党的事业的忠诚

作为党员干部,领导必须对党的事业忠诚。写讲话稿时,可以通过描述领导在工作中坚持党的路线、方针、政策的事迹来展现这一点。

例如,可以描述领导在贯彻落实党的各项决策部署中的坚决态度,以及领导在工作中始终坚持群众路线、为人民服务的事迹。

3.表达对真善美和假恶丑的爱憎分明

领导应该具有对真善美和假恶丑爱憎分明的态度。写讲话稿时,可以通过描述领导在面对一些不公正的现象或不良风气时的坚决态度来体现领导的爱憎分明。例如,可以描述领导面对腐败现象的"零容忍"。

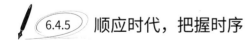

6.4.5 顺应时代,把握时序

撰写讲话稿时,应把握当下时代的潮流,关注讲话稿涉及的时间和空间。时间,就是要讲当下的事,而不是说些陈芝麻烂谷子的事;空间,就是考虑讲话所处的特定空间、情境,根据所处的环境调整所写的内容。

具体而言,要把握好以下几点。

1. 把握时代主题

在给领导写讲话稿的时候,切记要写新东西、新思想。

领导讲话要关注当前的政治经济形势、党的路线方针政策,以及国内外发展大势。

比如,党的二十大报告明确指出,必须完整、准确、全面贯彻新发展理念,坚持社会主义市场经济改革方向,坚持高水平对外开放,加快构建以国内大循环为主体、国内国际双循环相互促进的新发展格局。

又如,国家不断加大对教育的投入,推进教育公平,加强素质教育,在义务教育阶段,实行"双减"政策,减轻学生的作业负担和校外培训负担,同时要求学校提高课堂教学质量;在高等教育领域,加快高校"双一流"建设,提高高校的教学水平和科研水平,培养更多高素质人才,为国家发展提供人才支撑。

再如,国家高度重视区域协调发展工作,先后制定了京津冀协同发展、长江经济带发展、粤港澳大湾区建设、长三角一体化发展等区域发展重大战略,这些战略的实施促进了区域板块之间的融合互动,使发展均衡性逐步增强,形成了协调发展新格局。

这些国家级的方针政策需要我们时刻关注、深入理解。

2. 把握工作时序

把握工作时序是指明确讲话稿对工作而言是动员、推进,还是总结。事前、事中、事后要讲的话,顺序是不能颠倒的——项目启动阶段,领导讲话的重点应该是鼓舞士气、明确目标;项目执行阶段,讲话应该以监督进度、督促协作为主;项目完成阶段,讲话需要对成果进行总结和分析。这样的讲话更具针对性。

3. 把握讲话环境

讲话稿的写作需要充分考虑领导讲话的环境、场合、听众。

针对不同的场合，需要使用不同的语气、句式和修辞。

例如，在大型会议上，讲话应该庄重、严肃，句式简短有力，不能过于冗长；在小型座谈会上，讲话可以轻松、随意一些，努力拉近与听众的距离。

针对不同的听众，需要使用不同的表达方式。

例如，面对年轻人，可以使用一些网络词汇，以吸引他们的注意力；面对年长者，需要更加注重措辞的严谨和得体。

除此之外，领导讲话稿的写作，要紧密结合地区特点和受众需求。领导在不同地区讲话时，需要结合当地的历史文化、社会风俗和民生问题，善于从地方实践中汲取智慧、总结经验。

为了更好地说明以上几点，我们举个例子。

领导需要在一次公司年会上发表讲话，总结过去一年的成绩和不足，展望未来的发展。此时，讲话稿的写作需要考虑以下几个方面。

（1）顺应时代潮流。在当前市场竞争激烈的情况下，公司领导需要强调创新、合作、共赢的理念，以适应市场发展的需要，此外，可以引入当前行业内的热点话题和成功案例，证明公司的实力和发展潜力。

（2）符合工作时序。由于年会一般在年底召开，属于总结性会议，所以需要在讲话中回顾过去一年的工作成果和不足之处，同时展望未来的发展，提出具体的措施和计划。写作时，需要把握好总结和展望的比重和顺序。

（3）把握讲话环境。年会是一个相对正式的场合，听众是公司的员工和股东，因此，讲话需要使用正式的措辞，配合平易近人、通俗易懂的语言和表达方式。句式上，可以使用短句，并运用排比等修辞手法提高语言的节奏感和表现力。

6.4.6 适度调剂，激发兴趣

领导讲话的时长往往会影响听众的注意力和情绪，因此，需要通过适时添加适当的调剂来不断激发听众的兴趣。

例如，在讲话中加入一些幽默、有趣的故事或者例子，使听众更加轻松、愉快地接受信息；用提问、互动等方式与听众进行交流，使讲话更加生动、有趣。

适当的调剂能够调节会议的氛围。例如，会议中有时会出现争论、不满，或者意见不合的情况，这时就需要使用适当的调剂来缓解紧张的气氛，使会议有序进行。

下面通过具体的例子，说明如何在会议或讲话中添加适当的调剂。

【案例一】

在环保主题的讲话中，讲话者可以在讲述环保的重要性时穿插一些有趣的例子或者小故事，举例如下：

大家都知道，地球上的资源是有限的，如果我们不珍惜、不保护，就会受到大自然的惩罚。我们平时买菜的时候，如果自己喜欢吃某种菜就大肆购买，吃不完就扔掉，这些菜就会被浪费，被扔掉之后腐烂的菜还会污染市场环境。同样，如果我们不珍惜地球上的资源，就会导致资源浪费和环境恶化。

在这个例子中，讲话者用比喻的方式将环保问题与日常生活联系起来了。

【案例二】

在团队建设主题的讲话中，讲话者可以在讲述团队合作的重要性时穿插有趣的例子，举例如下：

大家都知道，团队的力量是无穷的。一支足球队，如果每个球员都只顾自己的表现，不配合队友的行动，这支足球队肯定无法取得胜利。同样，在工作中，如果每个员工都只顾自己的利益，不关注团队的整体目标，这个团队必然无法取得成功。

在这个例子中，讲话者借足球队的合作状态，形象地说明了团队合作的重要性。

【案例三】

在安全教育主题的讲话中，讲话者可以在讲述安全知识的重要性时穿插互动环节，举例如下：

大家都知道，安全是生命之本。每个人都应该掌握一些基本的安全知识，用于保护自己和家人的生命财产安全。现在，我想问大家一个问题：发生火灾时，应该如何自救呢？

在这个例子中，讲话者不但通过提问与听众建立了互动关系，后续还可以根据听众的回答进行有针对性的讲解和提醒。

总之，适当的调剂是讲话稿中不可或缺的部分，可以有效地激发听众的兴趣、吸引其注意力，使讲话更生动、有趣、易于被接受。

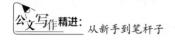

6.5 先进事迹，掌握分寸

写个人或集体的先进事迹时，我们常会遇到一个问题：是否需要对所有先进事例进行一一列举？答案是不需要。面面俱到，反而可能导致读者对所有事迹的印象都不深。一篇好的先进事迹宣传稿应该突出重点，选取有鲜明特征的事例，以点带面，让人过目不忘。

6.5.1 突出重点，避免罗列

先进事迹的写作目的是宣传某个人或集体的先进事迹，激发广大群众的学习热情。因此，写先进事迹时，我们需要选取具有代表性、能体现先进性的典型事例进行重点描述。这些事例应该有亮点、有深度，能够让人产生共鸣并留下深刻印象。

以下是一篇实例节选。

李明是一名党员，在工作岗位上表现出色——工作踏实、勇于担当、勤于创新。他经常加班，为了完成任务不惜付出自己的休息时间；主动承担责任，即使面对困难和压力也从不退缩；不断探索新的工作方法，积极提出合理化建议，为提高工作效率做出了重要贡献。

在社区服务方面，他同样表现突出——热心参加志愿者活动，关心邻居，帮助他们解决生活中的问题；不仅经常积极捐款、捐物，还号召身边人一起参与社区建设。

此外，他还热心公益事业，经常参加各种公益活动，给需要帮助的人提供支持和帮助；组织过多次公益活动，为贫困地区的孩子筹集学费和物资。

这篇实例节选就是唯恐遗漏任何一个品质、任何一件事情的典型。尽管李明在各方面都表现出色，但这份先进事迹材料无法给读者留下深刻印象，因为对每个事迹都只是简单地提及，没有深入阐述。

先进事迹的写作不是简单地罗列事迹，而是要在深入了解人物的基础上，选取具有代表性、能体现人物精神的事迹进行详细阐述。

接下来，让我们用一个具体的例子说明如何聚焦重点、深入阐述。

假设我们的先进事迹主人公是一名社区党委书记，在社区服务中，该党委书记一直秉持"以人为本"的服务理念，用创新的工作方式和方法，为社区居民解决了一系列实际问题。写作中，我们可以从以下几个角度入手进行深入阐述。

（1）服务理念："以人为本"的服务理念是如何在他的工作中体现的？这种服务理念是如何帮助他解决实际问题的？

（2）工作方式和方法：他使用了哪些创新的工作方式和方法？这些工作方式和方法是如何帮助他提高工作效率的？

（3）解决问题：他解决了哪些实际问题？这些问题的解决给社区居民的生活带去了哪些改善？

（4）个人品质：他在工作中展现了哪些优秀的个人品质？这些个人品质是如何帮助他取得成功的？

从以上几个角度入手进行深入阐述，可以让读者更加深入地了解这位社区党委书记的事迹和精神内涵，使先进事迹更具说服力。

6.5.2 把握分寸，尊重事实

先进事迹是做出突出贡献的人物或集体的真实故事。在写先进事迹时，我们需要合理把握分寸，既要保证事件的真实性，不夸大先进人物或集体的作用和影响，又要注意避免对其他个体或群体有贬抑。

具体而言，在写作时，需要注意以下几点。

（1）不要有贬低他人的语言或暗示。

（2）要立足客观事实，防止把某人或某群体的功劳归错位。

（3）不要一味地夸大先进个人的作用和影响。尽管先进个人在某些方面有突出表现，但如果他们所做的事情是在团队合作中完成的，则切忌夸大个人的贡献。

（4）切忌虚构情节和细节。

（5）注意语气和语调。描述先进事迹时，语气要自然、平和，要客观、公正、实事求是地描述，不要过于夸张或煽情。

（6）尽可能地细化事例。具体的先进事迹更容易给读者留下深刻的印象。列举事例时需要尽可能地让读者了解每个事例的具体情况和意义。

小提示

注意，不能将先进人物塑造得过于完美。先进人物也是普通人，有自己的缺点和不足之处，在写作时应该尽量保持客观，不要将他们塑造得让读者觉得虚假。

下面用具体例子说明如何把握先进事迹的写作分寸。

全国养老服务先进个人事迹材料——刘海川

刘海川，男，1980年10月出生，中共党员，本科学历，学士学位，现任黑龙江省绥化市民政局养老服务科科长——2003年11月参加工作，先后在海伦师范学校、绥化市民政局工作，2019年8月任现职。曾于2010年12月荣获绥化市人民政府嘉奖；于2011年12月再次荣获绥化市人民政府嘉奖……于2020年8月荣获国家卫健委、全国老龄办联合评选的全国"敬老爱老助老模范人物"称号等。

刘海川同志坚持以习近平新时代中国特色社会主义思想为指导，坚决贯彻落实习近平总书记关于养老服务的重要指示批示精神和党中央、国务院、各级党委政府的决策部署，牢固树立"四个意识"，坚定"四个自信"，做到"两个维护"。

工作方面，在他的指导与带头努力下，养老机构安全管理实现"五个0"驱动；养老服务机构供给水平大幅提升，机构床位数、护理型床位占比、星级以上机构占比、护理员培训率等数据都有出色的表现；居家社区养老服务四级网络逐步完善，街道、社区、乡镇、村级养老服务设施覆盖率不断提高；医养康养融合驱动不断发展，全市养老机构全部实现医养结合服务；老年人福利政策提标落实，如提高高龄老人生活津贴标准，贫困失能、半失能老人护理补贴发放率达100%。

近年来，该同志全身心投入全市养老服务工作，取得了突出成绩，绥化市养老服务工作得到了市委、市政府的高度认可，赢得了广大群众的普遍赞誉，2019年—2021年连续三年在全省民政重点工作综合评估中获得优秀名次。

在整体描述中，这篇个人事迹材料做到了以下三点。

第一，个人信息明确、具体。材料详细介绍了刘海川的出生年月、学历、工作经历、所获荣誉等基本信息，这些信息都是具体且可查证的，提高了事迹的可信度。

第二，工作成果数据翔实。材料在论述刘海川的工作成绩时，例举了大量工作成果，如养老机构的床位数量、护理型床位占比、各种养老服务设施的覆盖率，这些数据客观地反映了刘海川在推动养老服务工作方面取得的成果，而非空洞地说"取得了很大进步"。通过具体数据，读者能够直观地了解刘海川的工作对当地养老服务体系建设的积极影响。

第三，不拔高个人作用。材料始终将刘海川的工作置于政府决策的大背景下，强调刘海川坚决贯彻落实相关精神，突出了个人努力与组织支持、政策引导的密切关联，这表明刘海川的成绩是在组织的正确引导和良好的工作环境中取得的，而非个人单打独斗的结果，避免了过度夸大个人作用。例如，刘海川推动养老服务体系建设的各项举措都是基于国家政策和地方政府决策施行的，刘海川作为具体的执行者，充分发挥了自己的业务能力。这种表述既肯定了刘海川的贡献，又不脱离实际情况。

综上，只有掌握好分寸，才能让个人事迹材料既真实，又有可读性，给读者留下深刻的印象。

6.5.3　以小见大，挖掘平凡中的伟大

很多人常觉得自己的工作内容太过平凡、琐碎，不值得书写，但我们应当明白，每个人都有自己的职责和使命，在我们看来普通的事情，对别人来说很可能有着不一样的意义。

看似平凡的工作中往往隐藏着许多不平凡的事迹，关键在于我们如何去挖掘和呈现它们。

比如，你长期关心、帮助贫困户，虽然并未给予他们太多的物质援助，但你一直坚持，无论多忙碌都定期打电话询问他们的生活状况，给予他们关心和问候。这种坚持和付出，就是平凡中的不平凡。

挖掘到不平凡的事迹后，要通过适当加工，把事件叙述得触动人心。

1. 注重细节描写

想象一下，你向朋友描述你的一天，可能会说："我今天早上八点起床，洗漱后吃了早餐去上班，开始奔波的一天。"这是非常普通的描述。如果你注重细节，则可以说："我今天早上七点就醒了，因为昨晚没睡好，我泡了一杯咖啡，做了两片吐司，涂上花生酱，坐在窗前，一边吃早餐，一边欣赏外面的风景，吃饱了才出发去上班。"这样，你的朋友会感觉更真实，更能体会你生活中的乐趣。

想让读者感受到先进事迹的真实和生动，细节描写至关重要。通过生动的细节描写，展现人物的情感和内心变化，可以让读者身临其境地感受当事人的付出和努力。一个简单的行动，一个平凡的细节，都可能成为打动人心的元素。

例如，在描写一位警察的先进事迹时，我们可以这样写：寒冷的冬天，他的手指冻得僵硬，但依然坚守在工作岗位，直到最后一名群众安全离开。

这样的描写能够让读者感受到警察的辛勤付出和责任心。

2. 从集体中凸显个人价值

在工作中，我们经常需要与团队合作完成任务。即使你觉得自己所做的只是平凡的工作，但从团队的角度看，你的工作可能是团

队协作中必不可少的一环。

比如,小A在工作中负责收集和整理资料。这项工作看起来很琐碎,但实际上条理清晰的资料对团队来说极其重要,没有这些资料,团队工作根本无法开展。写小A的先进事迹时,就可以从这一点切入,突出小A的贡献。

接下来,用几个案例说明如何写好先进事迹。

【案例一】

李老师是一位普通的中学教师,从事教育工作超过二十年。他一直坚守在教学一线,带着"读书改变命运"的信念,帮助一个又一个学子完成学业。

李老师没有轰轰烈烈的壮举,但有很多看似平凡却饱含深意的小事。比如,他一直坚持在课后为学习上有困难的学生义务辅导功课;他每个月都会拿出部分工资购买学习用品和营养品,送给贫困的学生;他在得知一个学生家庭遭遇不幸后,主动承担起了照顾这个学生的责任。

在撰写李老师的事迹时,我们需要注重细节描写,以突出李老师的人格魅力,比如,我们可以进行如下描述。

每天放学后,李老师总会留在教室里,为学习上有困难的学生辅导功课,眼神中充满耐心和关爱。当夜幕降临,学生们都回家了,他才会默默地离开。

通过这样的描述,我们可以让读者感受到李老师的爱心和负责。

除此之外,还可以通过描写现实冲突来彰显人物的先进性。

现实冲突可以是工作中的困难、生活中的挑战或其他方面的压力,这些冲突对先进人物来说是实实在在的考验。

> **小提示**
>
> 撰写先进事迹时需要抓住人物的矛盾之处,有些人写的先进事迹平庸、乏味,是因为他们未能准确捕捉先进人物身上的理想与现实的割裂之处。

【案例二】

某位医生在偏远山区工作,当地医疗资源匮乏,居民生活条件艰苦。这位医生每天要面对大量的病患,有时甚至要连续工作十几个小时,但他从未抱怨过,始终坚守岗位,为当地居民提供优质的医疗服务。

在这个事例中,医生面临着工作环境恶劣、工作量大等现实冲突,但从不抱怨,彰显了其坚守岗位的先进性。

除了描写现实冲突,描写先进人物的内心冲突也是彰显其先进性的重要方法。内心冲突的出现,通常是因为先进人物的身份、职位、家庭、所处环境等存在矛盾。

【案例三】

李支书,一位坚守在大山深处的小村庄几十年的基层干部。村子交通不便,资源匮乏,年轻人大多外出打工,只留下老人和孩子。李支书每天要挨家挨户地走访,了解村民们的生活状况:哪家的屋顶漏雨了,哪家的老人身体不舒服,他都一一记在心里。他经常自己动手帮助村民修缮房屋、背行动不便的老人去看病。村里的孩子们上学要走很远的山路,他多方奔走,争取资金,为孩子们修了一条通往学校的水泥路。此外,他还积极联系农业专家,为村里引进适合种植的农作物,带领村民发展特色农业,增加收入。他几乎将所有时间投入工作,忽视了自己的家庭。妻子常常埋怨他不顾家,他愧对妻子,但还是说:"我是村里的支书,我得对村里的老

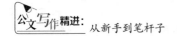

老少少负责,他们需要我。"

案例在描述李支书为村子付出的同时,提到了他内心的冲突。他的妻子埋怨他不顾家,是因为他的支书责任和家庭责任之间产生了矛盾:一方面,他深知自己作为村里的带头人,有责任为村民们谋福利、解决问题;另一方面,他对家庭的照顾确实有所欠缺,这让他对妻子深感愧疚。这种对内心冲突的描写,使李支书的形象更加立体,他不是一个只知道工作的"机器",而是一个有着情感和责任心的普通人。在工作和家庭的抉择中,他坚定地选择了前者,这种内心的挣扎和最终的选择,更能彰显他的先进性和奉献精神。

6.6 调研报告

调研报告的撰写,往往能反映写作者发现问题并针对问题进行分析、研究的能力。

6.6.1 了解调研的重要性

有些新手写作者根本不把调研报告放在心上,每次写都会随便糊弄,因为他们觉得自己只是基层工作人员,就算调研出来问题,领导也不会重视。但事实上,没有调研,领导讲话稿、工作报告、工作思路都将毫无依据、无法展开。

在笔者看来,调研的重要性主要体现在以下方面。

(1)在党务工作中,调研是获取真实信息的金钥匙。无论是制订政策、决策部署,还是推动工作落实,都离不开对实际情况的深入了解。只有深入调查、研究,才能获取真实、准确的信息,了解群众的所思所想、所需所求,避免信息失真、决策失误。

(2)调研是推动工作落实的助推器,不仅能够帮助我们获取真实的信息,还能够帮助我们发现问题、想出对策。只有深入调查、研究,才能发现问题,并找出问题的症结所在。

(3)调研是写好公文的基础。领导讲话稿、工作报告、工作思路等公文的撰写,必须以做好调查、研究为前提。

通过深入一线的调查、研究,可以获取真实、准确的信息,了解实际情况,掌握群众需求,发现存在的问题和矛盾,收集群众的意见和建议,根据这些意见和建议,形成工作思路和问题解决措施,推动相关工作的落实。

6.6.2 选题误区要避免

在进行任何调研之前,都需要准备好选题。准备选题包括确定调研对象、选择调查角度等工作,这些准备工作对调研效果有重要影响。对调研报告来说,选题是精髓,一旦选题不合适,辛辛苦苦写出的报告会变得毫无意义。

一般来说,新手写作者会在确定选题的过程中犯以下几种错误。

1. 选题过于宏大

一些人在确定调研选题时,只想往高处走,会选取涉及国家宏观决策层面的题材,如宏观经济形势、政策走向,但写的时候发现无从下笔,因为自己的学识和经验根本支撑不了这么宏大的选题。

这类选题虽然具有宏观指导意义,但往往涉及政治、经济、社会等多方面的问题,基层干部无法深入分析和研究这些问题,会导致调研效果不佳。

2. 选题过于宽泛

有些人在确定选题时盲目求广,这种情况下,调研往往会变成"蜻蜓点水",难以深入了解问题的本质,更无法为实践提供有价值的指导。此外,如果选题太宽泛,也很难写出好内容。

例如,某县农业农村局负责人选取"现代农业发展"作为调研选题。这个选题涉及面太广,包括农业技术、农业管理、农业市场等多个方面,根本找不好明确的切入点。

3. 选题过时

一些人在选取选题时,会着眼于传统产业转型升级、农村扶贫改革等老生常谈的内容,这些选题虽然具有一定的历史意义和现实价值,但已经跟不上形势的发展和变化了。

【案例】

有一个基层干部下乡调研,发现这个村子存在经济滞后、老龄化严重、妇女受教育水平普遍比男性低等问题。这个干部针对这些问题初拟了3个选题,分别为"乡村振兴""农村老龄化""乡村女性教育"。

大家认为这个干部应该选择哪个选题完成调研工作?

"乡村振兴"这个题材太大了,一旦有一个细节没调研到位,调研报告就可能毫无价值。

"农村老龄化"也不是最好的选择。有些人可能会疑惑:老龄化是一个普遍性问题,并且范围够小,为什么不是最好的选择呢?答案其实就在问题中:老龄化是一个普遍性问题,并且农村老龄化这个问题已经存在了很多年,类似选题的调研报告可能有成千上万篇,此时再写,很难写出新花样。

"乡村女性教育"这个选题最好,够具体、是时下的热点问题,且没有被人普遍研究过,很容易写出彩。

6.6.3 调研方法要得当

调研是个技术活儿,需要有一定的技巧和方法,若调研方法不得当,不但无法获得想要的结果,还可能适得其反。在调研的时候,我们要使用多层次、多渠道、多侧面的方法,确保调研结果客观、公正。

1. 多层次调研

调研不能只从少数人那儿获取信息,需要听取多层次人群的意见,至少包括领导、当事人、群众三个层次。

领导有大量的信息和经验,能给我们提供宝贵的意见和建议;

当事人最了解情况，能直接提供具体信息；群众从旁观者的角度出发，往往能提供让我们意想不到的新点子。

2. 多渠道调研

多渠道调研包括查看现有的文字资料、开座谈会、进行个别访谈、请调研对象填写问卷等。

文字资料能提供大量的背景信息；座谈会能帮助我们直接了解当事人的看法和意见；个别访谈能获得更深入、更真实的信息；问卷能帮助我们获得更全面的数据和意见。

3. 多侧面调研

正面信息固然重要，反面意见也是我们需要了解的。有时候，反面意见能给我们提供非常重要的信息，帮助我们更全面地了解情况，写出更客观、公正的调研报告。

此外，调研还得注意其他问题。首先得确定调研目的和主题，这样才能更好地收集信息；其次得保证调研的公正性和客观性，不能有偏见和歧视；最后得对收集来的信息进行分析、整理，得出结论并提出建议。

让我们用一个案例，进一步说明多层次、多渠道、多侧面调研方法的使用和效果。

一家医院希望提高患者满意度，使用了以下调研方法。

（1）多层次调研：医院领导、医生、护士和患者都参与调研。

（2）多渠道调研：收集患者填写的问卷、医生/护士的反馈、现有的医疗数据等。

（3）多侧面调研：不仅关注患者的正面反馈，还关注患者的意见和建议。

通过调研，医院收集到了丰富的信息，准确地了解了患者的需求，这不仅有助于提高患者满意度，还有助于提升医院的形象和服务质量。

综上，在进行调研时，一方面需要使用正确的方法，通过多层次、多渠道、多侧面调研，获取更全面、更准确的信息，从而更好地了解情况和分析问题；另一方面需要保持客观、公正的态度，善于分析问题和总结问题，得出正确的结论并提出可行的建议。

6.6.4 调研时机要抓好

在调研中，我们必须善于捕捉时机，面对领导重视的热点问题，要做到"未雨绸缪、抓住时机、及时调整"。

（1）未雨绸缪，做好准备。了解领导关注的热点问题和需要掌握的情况后，要提前做好调研准备，包括确定调研对象、制订调研计划、协调调研时间等。这样做，可以在需要时迅速开展调研工作，获取最新的信息和资料。

（2）抓住时机，及时调研。了解到最新情况或遇到新问题后，要迅速抓住时机开展调研工作，不要拖延，以免错过最佳时机。

（3）若有变化，及时调整。调研过程中可能遇到一些不可预测的情况，如调研对象不配合、资料不完整、不可控力干扰。这时需要根据实际情况调整调研计划，确保调研工作顺利推进。

调研成果的及时报送也是至关重要的。在企业管理或政府决策中，领导需要掌握最新的情况、数据和资料，以便做出明智的决策。如果调研成果报送不及时，领导很有可能错过重要信息，导致决策延误或失误。

例如，某市政府要对城市道路进行改造，需要获取最新的交通数据和资料。如果调研人员能够及时将调研成果上报给领导，领导就可以根据最新的数据和资料做决策，制订出更加科学、合理的交通改造方案。而如果调研人员拖延时间，没有及时上报调研报告，领导手中的数据和资料已经过时，无法反映当前交通情况，很可能会决策失误，进而导致资金和资源的浪费。

第 3 篇

实战篇

理论知识丰富,并不意味着我们可以熟练地将其应用在实践中,接下来,我们进入实战篇。本篇,我们将把理论知识融入实际案例,更深入地剖析公文写作的实用技巧。

第 7 章
常用文种写作技巧

本章将重点分析常用文种的写作要点和技巧,并给出相应的写作模板。

7.1 法定公文写作技巧

7.1.1 通知、通报和通告的写作技巧及模板

1. 通知

通知是我们每天都能看到和用到的公文，用于把重要信息告知有关单位。通知的特点是范围广、时效快。

（1）通知的格式。

通知一般包括标题、主送机关、正文、发文机关和发文日期五个部分。

① 标题：通知的标题有三种形式，第一种是"发文机关+事由+文种"，如《市政府关于加强城市管理的通知》；第二种是"事由+文种"，如《关于召开会议的通知》；第三种是"文种"，即《通知》。

② 主送机关：通知需要标注主送机关，即通知的接收机关。

③ 正文：通知的正文通常包括发文缘由、通知事项与执行要求三部分。

④ 发文机关：一般在通知的正文下方标注发文机关名称，也可以直接用印章代替。

⑤ 发文日期：发文日期标注在发文机关名称下，若有印章，要和印章衔接好。

（2）通知的种类。

① 经转性通知：这种通知主要用于印发本级机关批转下级机关

或转发上级机关、同级机关和不相隶属机关的公文，以及发布某些行政法规。

② 知照性通知：让收文对象"了解情况"。这种通知发送对象广泛，对下级、平级均可发送，主要用于将某些事项告有关方面周知。行政事务、成立或撤销机构、启用或停用印章、办公地点迁移，以及任免、聘用通知等，严格意义上都属于知照性通知。

③ 指示性通知：对收文对象提出方向性的意见、做出具体的指示。

④ 事务性通知：一般用于上级机关对下级就某一具体事项布置工作、交代任务，或同级机关及不相隶属单位之间就某项具体工作的进行或某个具体问题的解决要求对方配合、协助办理。此类通知一般会对收文对象做出工作安排，各类会议通知、活动通知均属于此类通知。

（3）写通知的注意事项。

① 在写通知正文时，我们需要先写明通知的缘由，交代清楚写通知的背景、情况和依据、目的；再写具体的通知事项，让收文对象看得明白，执行时可以落到实处。

② 标题最好不要只写"通知"，包括发文机关和事由，更能让人一看标题就知道是什么通知。

　　　　××（发文机关）关于××（事由）的通知
××（主送机关）：
　　为进一步落实/加强××，现将有关问题通知如下：
　　一、……
　　二、……

> 三、……
>
> 特此通知，请认真贯彻执行。
>
> ××（发文机关）
>
> ××年××月××日（发文日期）

2. 通报

通报是一种用于传达信息、表扬或批评特定行为、共享重要情况的文件。通报可以用于表扬优秀表现、鼓励积极现象，也可以用于批评错误行为、纠正不良风气，提醒相关人员引以为戒。

（1）通报的格式。

① 标题：表彰或者批评的事由＋文种，如《关于表彰/批评××的通报》。

② 主送机关：针对范围性事件时，可以不写主送机关。

③ 正文：首先讲清楚为什么表彰或批评，即叙述先进事迹或者错误事实的经过；其次对叙述的事实进行准确的分析和评价，不要夸大，也不要避重就轻；最后对先进人物或事迹进行表彰，或者对不良风气进行批评，并根据通报情况，提出一些号召或者要求。

④ 落款：包括发文机关的名称和发文的日期。

（2）通报的种类。

① 表彰性通报：告诉大家谁做了什么好事，做得有多好，号召大家向他/他们学习。

② 批评性通报：告诉大家谁犯了什么错误，做得有多不好，并总结教训，避免大家犯同样的错误。

③ 情况通报：告诉大家现在有什么情况发生，引起大家的重视，让大家及时采取措施进行应对。

> ××(发文机关)关于表彰××/给予××处分的通报
>
> ××(主送机关):
>
> 一、××(通报缘由,描述具体的事情经过)
>
> 二、为此,××决定给予××表彰/给予××处分。
>
> 三、希望××(点明此通报的希望和要求)
>
> ××(发文机关)
××年××月××日(发文日期)

3. 通告

通告是在一定范围内公布应当遵守的规则或应该周知的事项的公文,告诉大家有哪些规则需要遵守、有哪些事情需要做。

(1) 通告的格式。

① 标题:第一种是"发文机关+事由+文种",如《××市政府关于交通管制的通告》;第二种是"发文机关+文种",如《××市政府通告》。

② 正文:要写清楚通告目的和依据、通告事项、通告结语。开篇说明为什么要发这个通告,如出现了某种情况或某些问题,需要大家知道并及时采取行动;中间告诉大家具体事项,如什么时间、什么地点、怎么做;结语部分通常为"特此通告"或者"请遵照执行"。

③ 落款:写明发文机关名称,并用阿拉伯数字载明发文日期。

(2) 通告的种类。

① 周知性通告:让大家知道一些信息,如公共交通线路调整情况、节假日放假安排。这种通告没有强制性。

② 约束性通告:发布应该遵守的规定,如国家政策、法规。这种通告中的内容具有强制性,不遵守会受到惩罚。这种通告的作用

是规范大家的行为,维护公共利益、社会秩序。

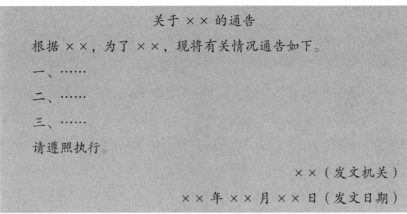

7.1.2 请示、报告和批复的写作技巧及模板

1. 请示

请示是呈请性上行文,一般在向上级请求批准或帮助解决人、财、物、机构、编制等事项或其他重要工作时使用。

(1)请示的格式。

① 标题:发文机关+事由+文种,发文机关有时可省略,在落款中写明即可。

② 主送机关:主送机关指接收请示的部门,通常为上级主管部门。例如,某市教育局向该市人民政府提交了一份关于增加教育经费的请示,主送机关为"××市人民政府"。

③ 正文:正文是请示的核心内容,一般由事由、事项和结语三部分组成。在正文的写作中,应当特别注意以下几点。

第一,开篇要简明扼要地说明请示的理由和依据,理由要充分、明确。例如,"根据市政府的要求,为了更好地推进××工作，我单位认为有必要××"。

第二，请示事项要具体、明确，可以包括办法、措施、主张等。例如，"请求贵局为我单位拨付专项资金××元用于××工作"。

第三，结尾要礼貌地表达感谢或期望，一般使用"以上请示，望予批准""特此请示，请予审批"等用语。

④ 落款：落款应当包括发文机关名称及发文日期。

（2）请示的种类。

请示可以分为请求指示的请示和请求批准的请示，前者主要用于向上级要政策、要办法、明确工作方向和内容，后者主要在下级机关增设机构、增加编制、上项目、列计划、申请经费、购置设备时使用。

（3）写请示的注意事项。

① 不要多头请示。请示一般只有一个主送机关，如果需要同时送其他机关，应当抄送。

② 不要越级请示。如果遇到特殊情况需要越级请示，应当先向上级机关汇报。

③ 不要一文多事，应当一事一请示。

④ 不要超范围请示。所请示的事项应当在上级机关的职权范围内。

⑤ 不要附带条件请示。请示的事项应当是政策、法规允许的。

⑥ 不要口头请示。请示应当以书面形式进行。

```
            ××（发文机关）关于××的请示
××（主送机关）：
    由于××（请示缘由），根据××，特提出以下请示。
    一、……
    二、……
    三、……
    以上请示，望予批准。

                                    ××（发文机关）
                              ××年××月××日（发文日期）
```

2. 报告

简单来说，报告是下级机关用于向上级机关反映情况、汇报工作、提出意见或建议，或是单纯答复上级询问的公文，属于上行文。

（1）报告的格式。

① 标题：报告的标题通常有两种，第一种是"发文机关+事由+文种"，如《××市政府关于乡村经济发展情况的报告》；第二种是"事由+文种"，如《关于国有资产处置的报告》。

② 主送机关：直接对接的上级机关。

③ 正文：报告的正文需要包括缘由、事项和结语三部分，缘由是报告的目的、根据、意义或原因；事项是说明具体情况、总结成功经验、指出存在的问题、提出解决的方法及今后的工作设想，内容较多的报告，可分条列项，由主至次排列；结语是用简明的文字概括全文，且使用惯用语结束全文，如"特此报告"等。

（2）报告的类型。

① 工作报告：用于向上级机关汇报本单位一段时间内的工作情况，可以分成专题报告和综合报告两种：专题报告是针对某一个专题进行汇报；综合报告是对工作范围内的方方面面进行汇报。

② 答复报告：回答上级机关询问的报告。

③ 报送报告：把文件或者物品交给上级机关时，顺便写个报告。这个报告的内容可以很简单，真正重要的是上交的文件或物品。

④ 情况报告：向上级机关汇报某种突发情况。这种报告往往时效性极强，需要及时上交。

<pre>
                ××（发文机关）关于××的报告
××（主送机关）：
    关于××，现将有关情况报告如下。
    一、……
    二、……
    三、……
    特此报告。
                                    ××（发文机关）
                              ××年××月××日（发文日期）
</pre>

3. 批复

批复是上级机关回复下级机关的请示时使用的公文，体现着上级机关对下级机关的工作的重视。

（1）批复的格式。

① 标题：批复的标题形式有很多，常用的是"发文机关+事由+文种"，在写事由时，要把下级机关和请示的事由都写进去。还有

一种简明、全面的完全式标题,即"发文机关+表态词+请示事项+文种",如《××省人民政府关于同意××市承办××活动的批复》。

② 主送机关:主送机关通常只有一个,即报送请示的下级机关。如果批复的内容同时涉及其他机关,需要用抄送的形式送达。

③ 正文:正文用来回应下级机关的请求或问题,包含批复引语、批复意见和批复要求三部分。批复引语是告诉对方已收到请示,并且正在处理,这部分通常会提到报送请示的机关名称及请示的内容;批复意见是对对方的问题或者请求给出的答案或者意见,必须明确、直接;批复要求是给出的一些额外建议,并不是强制性要求,而是提供给对方一个选择。

④ 落款:写明发文机关名称和发文日期,并加盖公章。

(2)批复的种类。

① 肯定性批复:同意下级机关请示的事项。

② 否定性批复:不同意下级机关请示的事项。

③ 解答性批复:对下级机关的询问给予明确的答复和指导。

　　　　　××(发文机关)关于××的批复
××(主送机关):
　　××请示收悉,经研究,现批复如下。
　　一、……
　　二、……
　　三、……
　　特此批复。
　　　　　　　　　　　　　　　　××(发文机关)
　　　　　　　　　　　　××年××月××日(发文日期)

7.1.3 决议、决定和命令的写作技巧及模板

1. 决议

会议上讨论、表决后通过的决策，需要下发给下级机关周知和执行，一般会以决议的形式下发。决议具有指导性、权威性，需要下级机关知悉或遵照执行。

（1）决议的格式。

① 标题：一般为"发文机关（或会议名称）+事由+文种"或"事由+文种"，通常会在标题下用小括号注明会议名称和决议通过的时间。

② 正文：正文通常要写明决议事项、执行方式、责任分配、结语。决议事项即会议上讨论的事情是什么；执行方式即具体怎么做，如要采取××措施、实施××政策；责任分配指对每个人或者组织负责哪一个部分的分配；结语通常是提出号召和要求。

（2）决议的种类。

① 公布性决议：告诉大家有哪些法规或提案要推行。

② 批准性决议：用于通过或否决会议议案。

③ 阐释性决议：对会议的重大结论进行阐述。

（3）写决议的注意事项。

没有经会议讨论的事项，不可以写入决议。

××（发文机关）关于××的决议

（××年××月××日××会议通过）

会议听取××，同意/批准××。

……（希望或号召）

> ××（发文机关）
> ××年××月××日（发文日期）

2. 决定

《党政机关公文处理工作条例》中对"决定"的适用范围做了明确的规定——发文机关对重要事项做出决策和部署、奖惩有关单位和人员、变更或者撤销下级机关不适当的决定事项时，一般会使用"决定"这一文种。

（1）决定的格式。

① 标题：一般有两种，一种为"发文机关+事由+文种"，如《教育部关于加强高校科研管理有关问题的决定》；另一种为"事由+文种"，如《关于加强公共场所安全管理的决定》。

② 正文：通常包含三个部分，分别是决定依据、决定事项和执行要求。决定依据即做决定的原因或背景，要写得简洁、明确；决定事项是决定的核心，要详细说明决定的具体内容；执行要求即如何落实决定，要写明具体的措施和行动计划。

（2）决定的种类。

① 奖惩性决定：表彰或处罚有关单位或个人。

② 指挥性决定：对某项工作、问题做出决策和指挥部署。

③ 变更性决定：修改法律法规、变更人事和机构安排、撤销下级机关的决定事项等。

（3）写决定的注意事项。

决定是上级机关发给下级机关的，要简短、明确，确保下级机关能够准确地理解和执行。

> 　　　　××（发文机关）关于××的决定
> ××（主送机关）：
> 　　根据××（背景、目的），经研究，决定如下。
> 　　一、……
> 　　二、……
> 　　三、……
>
> 　　　　　　　　　　　　　　　　　　××（发文机关）
> 　　　　　　　　　　　　××年××月××日（发文日期）

3. 命令（令）

命令（令）是官方行政文件的一个重要种类，是法定领导机关或领导人向下级发布的、必须执行的强制性行政指示公文。

（1）命令的格式。

① 标题：主要有两种形式，一种是"发文机关＋文种"，如《××省人民政府令》；另一种是公文通用标题，即"发文机关＋主要内容＋文种"，多为行政令、嘉奖令所用。

② 正文：命令的篇幅一般非常简短，由命令缘由、命令事项、执行要求组成。落款可以署发文机关名称或领导人职务、姓名，以领导人名义发出的命令，只需要署领导人姓名。最后要写明发令日期。

（2）命令的种类（部分）。

① 公布令：公布法律、行政法规等的命令。

② 行政令：由国务院及其部门、县级以上人民政府发布，用来宣布并实施重大强制性行政措施的命令。行政令是"必须做"的，要求相关人员和单位必须遵守和执行。

③ 嘉奖令：为了表扬、奖励有关人员和有功集体发布的命令。嘉奖令通常会说明嘉奖的原因、嘉奖的内容和期望，有强烈的号召力和鼓舞人心的作用。

（3）写命令的注意事项。

在发布命令时，通常会使用令号标识命令的来源和类别。令号通常由相关部门或机构统一制订和管理，以确保命令的权威性和可追溯性。

命令是一种具有强制性的文书，必须能够使受众明确地理解命令的内容，行文必须庄重严肃，语气必须斩钉截铁，不得有任何含糊、模棱两可的字、词。

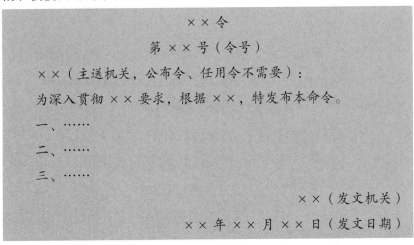

7.1.4 公报、公告、意见的写作技巧及模板

1. 公报

公报一般指党政机关和人民团体发布的关于重大事项或经过会议决策的报道性公文。与其他公文不同的是，公报有报道性和新闻

性，是党政机关和人民团体公布正式文件的一种形式。在日常工作中，新手接触公报的可能性较小，因此，这里只对其做简要介绍。

公报的格式如下。

① 标题：不同类型的公报，标题写法不一样，具体如下。

会议公报的标题通常为"会议名称+文种"，事项公报的标题通常为"主体+事项+文种"，联合公报的标题通常为"发表公报的双方或多方国家、政党、团体的简称+事由+文种"。

② 正文：公报的正文可以分为开头和主体两个部分。

开头部分对事件进行简单介绍，如果是会议公报，开头部分要写明会议的名称、时间、地点、参与人员等信息。主体部分需要详细叙述事件的各要点。

③ 落款：事件公报和会议公报一般没有落款，联合公报要在正文之后写明双方或多方签署人的身份、姓名、签署地点和日期。

> ××（会议名称）公报
> 　　××年××月××日（成文日期）××会议通过
> 　　××会议于××年××月××日在××（会议地点）举行，出席这次会议的有××、××、××等，列席××人，会议由××主持。
> 　　……（简要概括会议内容）。

2. 公告

公告是政府、企业、组织向国内外宣布政策、法规、命令、决定等重要事项的公文。

（1）公告的格式。

① 标题：有三种形式，第一种是"发文机关+事项+文种"；

第二种是"发文机关+文种";第三种是"文种",即《公告》。

② 正文:正文一般由三个部分组成,分别是原因、内容和结尾。在原因部分,告诉大家为什么发这个公告;内容部分是具体要告诉大家的事情,要写得简单、明了;结尾部分一般会有一些习惯用语,如"特此公告"。

③ 落款:发文机关名称和发文日期。如果发文机关名称已经在标题中出现过,落款处可以不写。

(2)公告的种类。

① 重要事项公告:用来发布国家的重要事项,让全国人民及时了解国家的情况,包括政治、经济、军事、科技、教育、外交等方面的重大事项。重要事项公告通常由官方新闻媒体发布。

② 法定事项公告:根据法律法规,向全国人民公布重要事项的公告,如专利申请的审定。

③ 专业性公告:面向特定专业领域发布的公告,不属于法定公文,如招标公告。

(3)写公告的注意事项。

不要把"通告"误用为"公告"。

公告和通告的主要区别在于它们的用途和发布方式不同。公告是用于向国内外发布重要事项和法定事项的公文,通常由高级别的政府机构或立法机构发布;通告是用于通知公众某些事项的公文,通常由较低级别的机构或组织发布,不具备公告的权威性和正式性。

例如,停电、禁行、房屋拆迁等事项,应该使用"通告"发布,而不是"公告"。

```
            ××（发文机关）关于××的公告
为了××，根据××，现将××公告如下。
一、……
二、……
三、……
特此公告。
                                    ××（发文机关）
                              ××年××月××日（发文日期）
```

3. 意见

公文语境中的意见，指发文机关在重要问题上对主送机关提出的意见和处理方法，有较强的宣传、引导、说明、阐释意义，有一定的权威性、建议性和指导性。

（1）意见的格式。

① 标题：一般为"发文机关+事由+文种"，如《××省人民政府关于进一步加强安全生产工作的意见》。

② 主送机关：接收意见的机关或部门，一般为统称，如"各州、市、县人民政府，省政府各部门"。直接下发的意见要标注主送机关，如果主送机关已标注在批转通知中，不需要重复标注，避免冗余。

③ 正文：意见的主体部分，包括意见中提出的问题的背景、发文原因和必要性，以及处理问题的原则、具体措施、要求等。

④ 落款：如果是直接发的意见，落款通常为发文机关名称和发文日期；如果是转发的意见，应把发文机关名称排在标题下方。

（2）意见的种类。

根据实际工作需求，可将意见分为如下几类。

① 规定性意见：给下级机关的工作规定，强制性较强，有约束力，明确告诉下级机关要做哪些事、要实现哪些目标。

② 请批性意见：做一件事前，先向上级机关请示，上级机关同意了再推进。

③ 建议性意见：下级机关为上级机关提供工作设想和建议。

④ 指导性意见：上级机关或有关主管部门阐述、说明开展某项工作的基本思想、原则、方法，并提出指导意见，明确工作方向和要求，为下级机关提供指导和帮助。

⑤ 规划性意见：上级机关或业务主管部门制订的开展某项工作的部署、安排，有类似工作计划的特点。

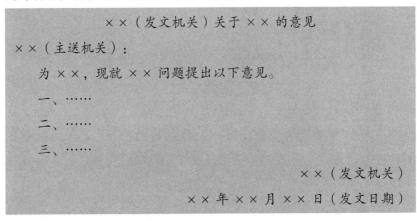

 7.1.5 议案、函（公函）和纪要的写作技巧和模板

1. 议案

议案是有关机构、组织或个人根据法定程序，针对某些具体事项向人民代表大会及其常务委员会提请审议事项时使用的公文。议案通常涉及国家治理、公共利益、政策制定等重要事项，是政府与人民沟通的重要桥梁。

（1）议案的格式。

① 标题：通常为"发文机关+提请审议事项+文种"。议案标题一般不可以省略发文机关和文种。

② 主送机关：只能是人民代表大会及其常务委员会，无其他并列机关。

③ 正文：写明提交议案的缘由和审议事项，结尾写"现提请审议"。

④ 落款：不仅要有发文机关署名，还要有行政首长的签名，并写清楚提请审议的日期。

（2）议案的种类。

① 立法性议案：立法性议案主要在两种情况下使用，一是政府机构制定了某项法律或法规之后提请人民代表大会审议，二是针对某事项向立法机关提请制订、修改、废除相关法律。

② 重大事项的决策性议案：关于财政预算决算、城乡发展规划、重大工程，以及政治、经济、文化、教育、科技、卫生等领域中的重大事项的决策，提请人民代表大会审议批准时使用的议案。

③ 任免性议案：行政机关向权力机关提请任命、免去或撤销行政机关工作人员的职务时，请求人民代表大会审议批准的议案。

④ 建议性议案：行政机关向权力机关提建议时使用的议案。

××（发文机关）关于××的议案

××（主送机关）：

　　针对××，拟定××，现提请审议。

××（发文机关）

>　　　　　　　××（行政首长签名）
>　　　　　××年××月××日（发文日期）

2. 函（公函）

函，又称"公函"，是不相隶属的机关之间，比如，政府和企事业单位、社会团体等组织之间，商量工作、询问与答复问题、请求批准和答复审批事项时使用的公文。函是一种正式、规范的公文，与申请文书类似。

（1）函的格式。

① 标题：一种为"发文机关+事由+文种"，另一种省略发文机关，直接为"事由+文种"。

② 正文：通常由开头、主体、结尾三个部分组成。开头主要说明发函的背景、目的、依据等，用过渡语转入主体（复函的缘由部分需要引叙来文的标题、发文字号等，交代发函的依据）。主体是函的核心，需要用简洁、得体的语言说清楚发函联系、商洽、询问的事项及本单位的意见。结尾的写法根据函的类型的不同有不同选择，如"特此函询（商）""请即复函""特此函告"。署名处需要署明单位名称，署名下方应写明成文日期。

（2）函的种类。

根据内容和用途的不同，函可以分为以下几种。

① 商洽函：两个没有直接关系的机关，为了商量工作、协调配合而使用的函。

② 询问函与答复函：一方有疑问，向另一方询问，被询问方给出答复。这两种函比较简单，是单纯的问答。

③ 请批函：两个没有直接关系的机关之间，有一方需要另一方

批准某事项时，会使用请批函。

④ 告知函：向不相隶属机关告知有关事项。

（3）注意事项。

① 一函一事。

② 用词恰当。给上级的函，要表现得诚恳；给下级的函，要表现得谦逊；给平级或不相隶属机关的函，要表现得有礼貌。

```
                ××（发文机关）关于××的函
××（主送机关）：
    根据××（目的、缘由、依据），现安排如下。
    一、……
    二、……
    三、……
    特此函告/特此函复。
                                    ××（发文机关）
                            ××年××月××日（发文日期）
```

3. 纪要

纪要是用于记载会议主要情况和议定事项的文体，又称"会议纪要"。

（1）纪要的格式。

① 标题：纪要又称"会议纪要"，标题通常为"会议名称+文种"或者"召开会议的机关+会议内容+文种"。

② 正文：正文是会议纪要的关键部分，包括对会议情况的介绍、对会议内容的记录，以及结束语。在写正文的时候，要清楚地写出会议的时间、地点、参会单位、议程、主要成果、会议评价等内容。

会议内容可以按照发言顺序呈现，也可以分条陈列，主要目的是让大家清楚地了解会议的主要内容和成果。

③ 落款：落在正文的右下方，需要注明会议单位、主持人、记录人。会议纪要一般不盖公章，这是它和其他公文在格式上的一个重要区别。

（2）纪要的种类。

会议纪要的种类很多，常用到的是以下四种。

① 办公会议纪要：主要记录机关单位的领导在日常办公会议上讨论的情况和决定的事情。

② 工作会议纪要：在专门的工作会议后形成的纪要。这种会议的目的是解决或协调工作中的重要问题，指导性很强。

③ 交流会议纪要：为了分享思想或同步情况召开的会议的纪要。交流性会议召开的主要目的是让大家针对一些原则性问题达成共识，或者学习一些先进经验。交流会议的特点是不布置具体的工作、有很强的思想引导性。

④ 研讨会议纪要：在研讨会或学术讨论会之后形成的纪要，不以达成共识和议定事项为主要内容，而是以介绍不同的观点为主。

（3）注意事项。

① 纪要的成文日期要写在标题下或者正文开头，文末落款处需要再次做标注。

② 纪要有表格式与文章式两种：表格式会议纪要一般使用统一印制的专用纸，要素整齐划一，便于归档管理；文章式会议纪要一般要记录会议标题、会议组织情况（时间、地点、出席或缺席人员、主持人、记录人）、会议主要内容，文末有"散会""休会"等字样，有主持人与记录人的签字。

××(会议名称)纪要

××年××月××日,××同志在××地点主持召开××会议,现纪要如下。

会议认为:……

会议强调:……

会议决定:……

××(发文机关)

××年××月××日(发文日期)

第7章 | 常用文种写作技巧

7.2 公文常见错误修改

修改、加工是公文写作中不可或缺的一环。本章，我们将用一些具体的案例来分析公文中的常见错误，并展示如何改正。

7.2.1 评改《关于公司办公室搬迁的通知》

【原文】

关于公司办公室搬迁的通知

各位员工：

我们很高兴地通知大家，公司决定搬迁办公室。具体搬迁时间为××月××日。搬迁完成后，我们将在新的办公室工作。

搬迁期间，我们的正常业务可能会受到一定的影响，请大家提前做好相关工作安排，密切关注公司的通知以获取最新的信息。

感谢大家对这次搬迁的支持和配合。在新的环境中，我们期待着大家共同努力，推动公司的发展。

如有任何疑问或需要帮助，请联系我们的搬迁协调员。

谢谢！

行政部
××年××月××日

【修改建议】

（1）标题应该明确表达通知的内容，建议改为《关于公司办公室搬迁及业务暂停的通知》。

165

（2）通知中应明确搬迁后的地址，以及搬迁完成后重启工作的时间。可以添加"新办公室地址为××，搬迁后将于××月××日开始工作"等内容。

（3）搬迁可能会对正常工作产生影响，因此需要具体地说明如何安排工作，以减少对员工和客户的影响。可以添加"员工需要提前备份相关文件和资料，客户需要提前预约或在线咨询"等内容。

（4）结尾处可以添加"对于给您带来的不便，我们深感抱歉"等内容，以表达歉意。

【修改后】

关于公司办公室搬迁及业务暂停的通知

各位员工：

我们很高兴地通知大家，公司决定搬迁办公室，具体搬迁时间为××月××日，新办公室地址为××，搬迁后将于××月××日重启工作。

在此期间，我们的正常业务可能会受到一定的影响，请大家提前备份相关文件和资料，客户可能需要提前预约或安排在线咨询。我们将尽最大努力减少办公室搬迁对正常业务开展的影响，请大家密切关注公司的通知以获取最新的信息。

感谢大家对这次搬迁的支持和配合。在新的环境中，我们期待着大家共同努力，推动公司的发展。

如有任何疑问或需要帮助，请联系我们的搬迁协调员。对于给您带来的不便，我们深感抱歉。

行政部
××年××月××日

7.2.2 评改《关于参加"2024年度全国科技创新大会"的邀请函》

【原文】

关于参加"2024年度全国科技创新大会"的邀请函

尊敬的张教授：

我们诚挚地邀请您参加即将召开的"2024年度全国科技创新大会"。本次会议旨在探讨最新的科技创新趋势，展示最新的科技成果。我们相信，您的专业知识和丰富经验将极大提升会议的影响力。

特此邀请，请在收到邮件后回复是否能够参加本次会议。如果您需要更多信息或有任何问题，请随时联系我们。

附件：会议日程

【修改建议】

（1）在描述会议目的时，可以较详细地对会议议题或者主要活动进行介绍，以便让受邀人更清楚地了解会议重点。

（2）可以在邀请函中介绍会议背景信息，如会议主办方，提升受邀人对会议的认可度。

（3）在正文结尾处，可以再次强调参会的重要性和对受邀人的期待，并表达感谢。

（4）补充落款。

【修改后】

关于参加"2024年度全国科技创新大会"的邀请函

尊敬的张教授：

我们诚挚地邀请您参加即将召开的"2024年度全国科技创新大会"。

本会议已经成功举办了五届,吸引了众多国内外知名专家和学者共同探讨科技创新的最新趋势和成果。

本次会议旨在探讨科技创新在当今社会中的重要性和应用价值,展示一系列最新的科技成果。我们相信,您的专业知识和丰富经验将极大提升会议的影响力,作为学院的杰出学者,您能够为与会者提供有价值的见解和建议。

特此邀请,请在收到邮件后回复能否参加本次会议。如果您需要更多信息或有任何问题,请随时联系我们。

我们期待您的到来,并将为您在会议期间的活动做好充分的准备。

感谢您抽出宝贵的时间阅读此邮件。

附件:会议日程

全国科技创新大会主办方
××年××月××日

 评改《关于表彰市优秀企业的通报》

【原文】

关于表彰市优秀企业的通报
××发〔2024〕第××号

各企业领导:

为了激励我市企业积极发展,特对表现突出的企业进行表彰。

根据我市企业的业绩和贡献,经过公开评选,现将获市优秀企业称号的企业名单公布如下。

一、获市优秀企业称号的企业名单

市××公司

市××厂

市××有限公司

……

希望受到表彰的企业再接再厉，继续努力，为推动我市经济发展做出新的贡献。号召全市各企业向受到表彰的企业学习，共同努力，为建设美好家园而奋斗。

附件：无

【修改建议】

（1）通报中"各企业领导"不规范，应改为"各企业"。

（2）通报中"一、获市优秀企业称号的企业名单"多余，可删去。

（3）文末应有发文机关署名和日期。

（4）附件部分应补充完整。

【修改后】

关于表彰市优秀企业的通报

××发〔2024〕第××号

各企业：

为了激励我市企业积极发展，特对表现突出的市优秀企业进行表彰。根据我市企业的业绩和贡献，经过公开评选，现将获市优秀企业称号的企业名单公布如下。

市××公司

市××厂

市××有限公司

……

希望受到表彰的企业再接再厉，继续努力，为推动我市经济发展做出新的贡献。号召全市各企业向受到表彰的企业学习，共同努力，为建设美好家园而奋斗。

附件：获市优秀企业称号的企业名单

××市人民政府办公室
××年××月××日

7.2.4 评改《联合贸易公司批准请示的批复》

【原文】

联合贸易公司批准请示的批复

××镇人民政府：

你镇关于建立联合贸易公司的请示收悉，经研究，现作出如下批复。

一、同意你镇建立联合贸易公司，负责本镇内、外贸易工作。你镇应尽快让联合贸易公司开始营业。

二、你镇提出的"违反计划生育规定的处罚办法"，最好不执行，因为该办法违反了上级有关文件精神。

三、对你镇提出的建设俱乐部以丰富居民文化生活的建议，予以批准，但规模要适当控制，量力而行。

四、原则同意你镇参加在上海举办的服装节和在服装节上进行引资促销活动。

特此批复。

××市人民政府

××年××月××日

【修改建议】

（1）应针对各请示逐一回复，而不是在一篇批复中回复所有请示。

（2）标题应明确包括发文机关、主要事项和文种。

（3）用语应当明确、肯定，"原则同意"应该改为"同意"或"批准"，"最好不执行"应该改为"不予批准"。

【修改后】

××市人民政府关于联合贸易公司批准请示的批复

××镇人民政府：

你镇关于建立联合贸易公司的请示收悉，经研究，现批复如下。

同意你镇建立联合贸易公司，负责本镇内、外贸易工作。你镇应尽快让联合贸易公司开始营业。

特此批复。

××市人民政府

××年××月××日

××市人民政府关于××镇"违反计划生育规定的处罚办法"请示的批复

××镇人民政府：

你镇提出的"违反计划生育规定的处罚办法"请示收悉。经研究，现批复如下。

不予批准你镇提出的该办法,因其违反了上级有关文件精神。

特此批复。

××市人民政府

××年××月××日

××市人民政府关于××镇建设俱乐部以丰富居民文化生活建议请示的批复

××镇人民政府:

你镇关于建设俱乐部以丰富居民文化生活的建议请示收悉。经研究,现批复如下。

批准你镇建设俱乐部以丰富居民文化生活,但规模要适当控制,量力而行。

特此批复。

××市人民政府

××年××月××日

××市人民政府关于××镇组团参加在上海举办的服装节和在服装节上进行引资促销活动请示的批复

××镇人民政府:

你镇关于组团参加在上海举办的服装节和在服装节上进行引资促销活动的请示收悉。经研究,现批复如下。

同意你镇组团参加在上海举办的服装节和在服装节上进行引资促销活动。

特此批复。

××市人民政府
××年××月××日

评改《关于申请购置新设备的请示》

【原文】

××司（2024）××号

尊敬的××领导：

　　由于公司业务发展需要，我司计划购置一批新的设备以提高生产效率。经过市场调研和比对，我们选择了几家可靠的设备供应商，并进行了进一步洽谈。目前，我们已经与其中一家供应商达成初步意向，同意签订合同。根据合同条款，我们需要在××月××日前支付定金50万元。特此报告，请从速批示。

　　敬礼！

××公司（盖章）
24年××月××日

【修改建议】

　　（1）缺少标题。

　　（2）发文格式错误，括号使用不规范。应将"××司（2024）××号"修改为"××司〔2024〕××号"。

　　（3）请示理由不够充分，缺乏对业务发展需求和设备购置必要性的说明。建议在请示中加入有关公司业务发展情况、设备购置的必要性和新设备对提高生产效率的具体影响的描述。

（4）请示内容不完整，缺少对选择设备供应商的过程和初步意向达成情况的具体描述。建议在请示中详细介绍选择设备供应商的过程、已达成初步意向的细节、合同具体内容等信息。

（5）请示中使用"请从速批示"不够得体，应该换成"特此请示""望领导批准"等用语。

（6）成文日期格式错误，应将"24年"写全，写成"2024年"。

【修改后】

关于申请购置新设备的请示

××司〔2024〕××号

集团领导：

  随着公司业务不断发展，现有设备已无法满足日益增长的生产需求。经过市场调研和分析对比，我们选择了几家具有竞争力的设备供应商，并进行了深入洽谈。经过慎重考虑，我们与其中一家供应商达成了初步意向，同意签订合同。根据合同条款，我们需要在××月××日前支付定金50万元。

  新设备的主要优势在于可提高生产效率、提升产品质量、降低运营成本。购置新设备有助于我们更好地满足客户需求、扩大市场份额、提高企业竞争力。新设备的引进能促使公司员工不断学习新技术和新知识，持续创新和发展。

  在设备供应商的选择过程中，我们对比了不同厂家的产品的性能、价格、售后服务，并进行了实地考察和深入洽谈，最终选择与这家供应商合作，主要是因为其产品性能稳定可靠、价格合理、售后服务保障良好。该供应商已与我们建立了长期的战略合作关系，能够为我们提供更优惠的价格和更周到的服务。

  敬请领导审批并给予支持。如需要进一步了解相关情况或细节，请随时告知，我们将竭诚提供相关信息并做好配合工作。

××公司采购部（盖章）
2024 年××月××日

 7.2.6 评改《关于增加教师编制的请示》

【原文】

关于增加教师编制的请示

市委编办：

  我局为满足我市教育事业发展需要，现向贵单位请求增加教师编制。根据我局调查，目前，我市中小学教师缺编情况严重，已经影响到正常教学秩序和教学质量，为了解决这一问题，我局请求增加 50 名教师编制，用于引进高层次人才、改善教师队伍结构。

  请予以批准。

  附件：中小学教师编制需求统计表。

××市教育局办公室
2024.6.17

【修改建议】

（1）文种使用不当，向不相隶属机关请求批准，应使用"函"。

（2）附件格式有误：附件名后不应使用标点。

（3）发文机关书写错误，应改为"××市教育局"并加盖印章。

（4）成文日期格式错误，应该为 2024 年 6 月 17 日。

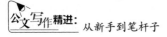

【修改后】

关于增加教师编制的函

市委编办：

我局为满足我市教育事业发展需要，现向贵单位请求增加教师编制。根据我局调查，目前，我市中小学教师缺编情况严重，已经影响到正常教学秩序和教学质量，为了解决这一问题，我局请求增加50名教师编制，用于引进高层次人才、改善教师队伍结构。

特此函询，请予以批准。

附件：中小学教师编制需求统计表

××市教育局（印章）
2024年6月17日

 评改《关于加强重点学科建设的意见》

【原文】

关于加强重点学科建设的意见
（××年××月××日）

各系、部，行政、教辅部门：

近年来，随着我国高等教育改革的不断深入，加强重点学科建设已成为推动学校内涵式发展的重要举措。为了进一步提升我校学科建设水平，现就有关重点学科建设问题提出如下意见。

一、明确学科建设的重要性

学科建设是高校发展的核心，是提升教育质量、培养优秀人才的基础。加强重点学科建设，有利于提高教师的教学科研水平，促进学科交叉融合，形成优势学科群，为学校发展提供有力支撑。各系、部和相关部门要充分认识学科建设的重要性，将重点学科建设摆在更加突出的位置。

二、确立学科建设重点

针对我校实际情况，我们认为应将以下三个方面作为学科建设重点。

做强优势学科：在现有学科基础上，加强对化学、数学、物理等传统优势学科的投入，进一步巩固和扩大这些学科在国内外的领先地位。

做优特色学科：发挥我校在客家文化研究、地域文化研究等领域的特色优势，加强对这些学科的深入研究，形成具有鲜明特色的学科体系。

培育新兴学科：紧密关注新兴学科发展趋势，鼓励跨学科创新研究，推动学科交叉融合。

三、加强学科队伍建设

建立健全人才引进和培养机制，积极吸引海内外优秀人才来校从事教学科研工作。

加强青年教师培养，提高教师队伍整体素质。

鼓励教师开展科研合作，组建跨学科团队，提升科研能力。

四、完善学科建设保障措施

加强组织领导，建立健全学科建设领导小组，明确各部门的职责分工。

加大学科建设的投入力度，提高经费保障水平。

加强学术交流与合作，鼓励教师参加国内外学术会议和交流活动。

建立健全考核评价机制，对学科建设成果进行定期评估和表彰。

以上是我校关于加强重点学科建设的意见和建议。各系、部和相关部门要认真贯彻执行。希望全校师生共同努力，全面助力我校重点学科建设工作再上新台阶！

特此通知！

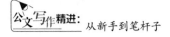

【修改建议】

(1) 发文日期应写在正文下面,不应写在标题下面。

(2) 在"确立学科建设重点"部分,应针对各方面提出具体的措施。例如,"做强优势学科"可以具体谈及加强对化学、数学、物理等传统优势学科的师资力量、科研项目、基础设施等的支持力度;"做优特色学科"可以针对客家文化研究、地域文化研究等给出具体的支持措施;"培育新兴学科"可以明确提出加大具体学科建设的投入力度、建立跨学科研究中心等具体措施。

(3) 在"加强学科队伍建设"部分,应明确提出人才引进的具体措施和要求,例如,设立人才引进专项资金、建立人才引进绿色通道。应明确提出加强青年教师培养的具体措施,例如,设立青年教师科研基金、提供更多学术交流机会。

(4) "特此通知"一词的使用不妥。"特此通知"通常是"通知"这一文种的结束语。此文是指导性意见,应该以"以上建议如无不当,建议批准并付诸实施"为结束语,最后补充发文机关和日期。

【修改后】

关于加强重点学科建设的意见

各系、部,行政、教辅部门:

近年来,随着我国高等教育改革的不断深入,加强重点学科建设已成为推动学校内涵式发展的重要举措。为了进一步提升我校学科建设水平,现就有关重点学科建设问题提出以下意见。

一、明确学科建设的重要性

学科建设是高校发展的核心,是提升教育质量、培养优秀人才的基础。加强重点学科建设,有利于提高教师的教学科研水平,促进学科交叉融合,形成优势学科群,为学校发展提供有力支撑。各系、部和相关部门要充分认识学科建设的重要性,将重点学科建设摆在更加突出的位置。

二、确立学科建设重点

针对我校实际情况,我们认为应将以下三个方面作为学科建设重点。

(1)做强优势学科:在现有学科基础上,加强对化学、数学、物理等传统优势学科的投入,进一步巩固和扩大这些学科在国内外的领先地位。具体措施包括:加强师资力量,吸引国内外优秀人才加入优势学科团队;加大科研项目支持力度,推动优势学科的深入研究;加强基础设施建设,提高实验室设备水平、优化实验条件。

(2)做优特色学科:发挥我校在客家文化研究、地域文化研究等领域的特色优势,形成具有鲜明特色的学科体系。具体措施包括:设立特色学科专项基金,支持特色学科的研究与发展;鼓励跨学科合作、研究,促进特色学科与其他学科交叉融合;加强与相关机构的合作交流,提升特色学科的国际影响力。

(3)培育新兴学科:紧密关注新兴学科的发展趋势,加强对人工智能、智能制造等学科的支持,鼓励跨学科创新研究,推动学科交叉融合。具体措施包括:加大新兴学科的投入力度,支持其快速发展;建立跨学科研究中心,推动不同领域的合作创新;提供学术交流平台,鼓励新兴学科的学术交流与合作。

三、加强学科队伍建设

(1)建立健全人才引进和培养机制,积极吸引海内外优秀人才来校从事教学科研工作。具体措施包括:设立人才引进专项资金,提供良好的工作环境和生活条件;建立人才引进绿色通道,简化招聘程序,吸引优秀

人才加入;加强与国内外高校的合作,共同培养优秀人才。

(2)加强青年教师培养,提高教师队伍整体素质。具体措施包括:设立青年教师科研基金,鼓励青年教师开展创新性研究;提供更多学术交流机会,支持青年教师参加国内外学术会议和交流活动;加强教学技能培训,提高青年教师的教学水平。

(3)鼓励教师开展科研合作,组建跨学科团队,提升科研能力。具体措施包括:提供跨学科合作资金支持,推动不同学科的合作研究;鼓励教师参与国际合作项目,拓展学术视野和合作渠道。

四、完善学科建设保障措施

加强组织领导,建立健全学科建设领导小组,明确各部门的职责分工。具体措施包括:成立由校领导担任组长的学科建设领导小组,全面负责学科建设工作;各部门明确职责分工,协同推进重点学科建设工作。

……

以上建议如无不当,建议批准并付诸实施。

××学院委员会

××年×月×日

 评改《关于实施城市垃圾处理改进方案的议案》

【原文】

关于实施城市垃圾处理改进方案的议案

市人民代表大会:

本市政府现正着手处理一个至关重要的问题,即城市垃圾处理。目前,我们的城市有严重的垃圾堆积和环境污染问题,亟须采取行动。鉴于此,我们建议通过实施新的垃圾处理方案，改善现状。该方案旨在提高垃圾处理效率、保护环境。我们相信，这个方案将带来积极的影响，提升市民的生活质量。

敬请审批。

【修改建议】

（1）缺乏背景信息。原议案没有提供足够的背景信息，审批者难以理解问题的严重性和为什么需要采取行动。建议添加"（严重的垃圾堆积和环境污染问题）不仅影响城市的形象，还给市民的健康带来威胁"等表述。

（2）方案内容不明确。原议案提到了"新的垃圾处理方案"，但没有详细说明该方案的内容和如何实施。建议添加"使用更环保的垃圾分类、回收和处置方法，加强公众教育，提高市民的环保意识"等表述。

（3）对市民的影响表述不全。原议案只提及新的垃圾处理方案会提升市民的生活质量，没有具体说明如何影响市民。建议添加"提升市民的生活质量，减少环境污染，改善公共卫生状况"等表述。

（4）结尾格式不正确。正式的议案需要有签名和日期，确保信息完整、真实。

【修改后】

关于实施城市垃圾处理改进方案的议案

市人民代表大会：

本市政府正着手处理一个至关重要的问题——城市垃圾处理。目前，我们的城市有严重的垃圾堆积和环境污染问题，这不仅影响城市的形象，还给市民的健康带来威胁。为此，我们建议通过实施新的垃圾处理方案，改善现状。该方案旨在使用更环保的垃圾分类、回收和处置方法，提高垃圾处理效率，并通过加强公众教育，提高市民的环保意识。我们相信，这个方案的实施将有效提升市民的生活质量，减少环境污染，改善公共卫生状况。

××市人民政府

××（市长签名）

××年××月××日

第 8 章

案例分析——勇敢走上舞台

在前面的章节中,我们学习了公文写作的基本原则和技巧,了解了不同类型公文的写作方法,分析了写作过程中的常见问题。本章将用具体的案例分析,助力大家撰写优秀的公文。

8.1 点评《2024年抓基层党建工作述职报告》

【原文】

2024年抓基层党建工作述职报告

尊敬的各位领导、同事：

在2024年，我们镇党委坚决贯彻党的十九大精神，认真学习贯彻习近平总书记重要讲话重要指示精神，强化党的领导，加强党的建设，全面从严治党，让党建"软实力"成为推动高质量发展的"硬支撑"。现对我们镇党委2024年抓基层党建工作述职如下。

一、加强党的领导，发挥党委核心作用

在2024年，我们始终坚持把加强党的领导摆在首位，发挥党委的核心作用。我们通过开展主题教育、探望慰问老战士、举行红色纪实文学首发仪式等活动，深入学习贯彻习近平新时代中国特色社会主义思想，全镇上下始终保持正确的政治方向。同时，我们严格执行"三重一大"决策制度，确保重大决策的科学性和民主性。

二、加强党的建设，激发组织活力

在2024年，我们将党的建设工作摆在突出位置，通过加强党员教育培训，提升党员的思想政治素质和业务能力。一方面，深入开展"不忘初心、牢记使命"主题教育，增强党员的责任感和使命感。另一方面，完善党组织工作制度，推动党支部规范化建设，加强基层党建阵地建设，激发党组织的活力和创造力。

在党组织的引领下，我们创新了"村民分类、定点回收、村委奖励、政府支持"垃圾分类回收模式，实现了垃圾减量20%以上的目标。党组织积极协调各方资源，投入大量资金治理环境、完善基础设施，筹建了30多个乡村振兴精品项目，为全镇的发展提供了强大动力。

三、全面从严治党,强化监督执纪

在2024年,我们全面从严治党,强化监督执纪。我们坚持把纪律放在首位,全年提醒谈话××人次,诫勉××人次,立案查处党员干部违纪违法案件××起,给予党纪政纪处分××人次,问责通报××人次。同时,我们保持扫黑除恶高压态势,破获涉恶案件××宗,打掉涉恶团伙××个。这些举措维护了党的纪律和形象,保障了全镇的稳定发展。

四、激励干部队伍,提升工作效能

在2024年,我们大力选拔、重用勇于担当、实绩突出的干部,全年提拔干部率达到38%,让吃苦的人吃香、有为的人有位。我们通过发挥干部提拔的杠杆作用,提高了干部队伍的士气和斗志。

尽管我们在基层党建工作中取得了一些成果,但仍然存在一些问题需要解决。

一、政策执行的效率和质量须进一步提高

一方面,政策执行的效率和质量仍须提高,以确保各项政策能够及时、准确地得到落实。另一方面,政策的制定和执行之间的衔接需要进一步加强,以避免出现政策空白、执行不力等情况。

二、公共服务水平须进一步提高

提供公共服务是政府的重要职责之一,而我们在某些领域还存在不足。为了提高公共服务水平,我们需要加强基础设施建设,提高服务质量和效率,满足人民群众的需求。

三、干部队伍建设须进一步加强

干部队伍建设是推动事业发展的重要保障。尽管我们已经在相关方面采取了一些措施,但仍存在一些问题,例如,干部队伍的整体素质和能力还需要进一步提升,干部管理和选拔任用机制还需要进一步完善。我们将

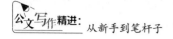

采取有效措施,加强干部培训和管理,完善选拔任用机制,为事业发展提供强有力的保障。

四、党风廉政建设须进一步加强

党风廉政建设是党的建设的重要组成部分。尽管我们已经采取了一些措施来加强党风廉政建设,但仍存在一些问题需要解决。例如,一些干部存在违规违纪行为,需要加强监督和管理;反腐斗争还需要持续、深入开展,以保持党的先进性和纯洁性。

回顾2024年,我们镇党委在抓基层党建工作方面取得了一定的成绩。我们将继续坚持党的领导、加强党的建设、全面从严治党、不断提升全镇的党政建设水平。同时,我们清醒地认识到了存在的问题和不足之处,在今后的工作中,我们将继续努力改进工作方式和方法,为全镇的发展做出更大的贡献。

谢谢大家!

述职人:××

【点评】

从内容和结构方面看,该报告具有较强的逻辑性,信息量也较大。

1. 逻辑结构清晰

该述职报告从2024年的整体工作入手,逐一列举了镇党委在抓基层党建工作方面的主要做法和成绩,并在各部分分别详细描述了具体的措施、成效和存在的问题,使得整个报告的逻辑结构清晰、明了。

2. 思路清晰，以点带面

在描述具体措施和成效时，该报告不仅列举了具体的数据和案例，还对相关情况和背景进行了简要介绍，使得整个报告的信息量更丰富。

3. 语言朴实、易于理解

该述职报告的文字表达较为出色。在描述具体措施和成效时，使用了平实、简洁的语言，既体现了公文的规范性，又不失个性。

8.2 点评《××市公共交通系统优化策略调研报告》

【原文】

××市公共交通系统优化策略调研报告

一、背景

随着城市化进程的加快和人们出行方式的不断变化,公共交通系统的重要性日益凸显。××市作为一个人口密集、交通拥堵的城市,公共交通系统面临着巨大的挑战。本次调研旨在深入了解××市公共交通系统的现状和问题,提出优化策略和建议,为政府和企业提供参考。

二、调研方法

本次调研使用了问卷调查、访谈、实地观察等方法。问卷调查主要针对乘客和公交车司机,了解他们对公共交通系统的看法和需求。访谈对象包括交通管理部门、公交车公司和其他相关企业,收集他们对公共交通系统的评价和建议。实地观察主要针对公交站点、车辆运行状况、乘客流量等,以获取第一手资料。

三、调研结果

1.乘客需求与满意度

问卷调查结果显示,大部分乘客对公共交通系统的满意度较低,主要原因包括车辆班次少、等候时间长、乘车环境差等。乘客对公共交通系统的需求呈现多元化、个性化的特点,如希望缩短通勤时间、增加夜间服务。

2.公交系统运行效率与安全性能

实地观察结果显示,××市公交系统的运行效率有待提高,部分线路存在绕行、拥堵等问题。公交车辆也存在一定的安全隐患,如车辆老旧、维护不良。

3. 公交车公司运营成本与收益

访谈结果显示，××市公交车公司的运营成本较高，其中，人力成本占比较大。在客流量(下降)等因素的影响下，公司的收益受到一定影响。

四、优化建议

1. 提高公交系统运行效率

建议对现有公交线路进行优化调整，减少绕行和拥堵；及时更新老旧车辆，提高车辆的安全性能。

2. 优化乘客出行体验

通过优化公交班次、增加候车设施等方式，提升乘客出行体验；加强与乘客的沟通和互动，及时了解乘客需求并做出相应调整。

3. 加强公交系统与其他交通系统的衔接

加强公交系统与其他交通系统（如地铁系统、出租车系统）的衔接，方便乘客换乘、降低乘客出行成本。积极探索新型交通方式（如共享单车、共享汽车）在城市交通中的应用。

4. 强化政策支持和监管力度

政府应加大对公交车公司的支持力度，出台相应的补贴政策和其他激励措施，同时加大对公交系统的监管力度，确保公交服务的质量和安全性达到标准。

五、结论与展望

本次调研深入了解了××市公共交通系统的现状和问题，并提出了一系列优化建议，旨在提高公共交通系统的运行效率、优化乘客出行体验。

随着城市化进程的加快和人们出行方式的不断变化，××市公共交通系统面临着巨大的挑战。在政府、企业和相关部门的共同努力下，相信能够构建一个更加便捷、舒适、可持续发展的城市公共交通系统，为市民提供更好的出行体验和更高的出行服务质量。

【点评】

（1）结构清晰，逻辑性强。该报告分为背景、调研方法、调研结果、优化建议、结论与展望五个部分。各部分之间的逻辑关系明确，使得读者能够快速了解报告的主旨和主要内容。

（2）问题明确，针对性强。报告明确提出了公共交通系统存在的主要问题，如乘客满意度不高、公交系统运行效率与安全性有待提高、公交车公司运营成本与收益存在矛盾。对这些问题的分析准确，具有很强的针对性。

（3）方案可行，操作性强。针对调研发现的问题，报告提出了多项优化建议，包括优化公交线路、优化乘客出行体验、加强公交系统与其他交通系统的衔接、强化政策支持和监管力度等。这些建议具有很强的可行性和可操作性，能够为政府和企业提供实用的参考。

（4）语言简洁，表达准确。报告简洁明了，没有出现过多的复杂句式和生僻词汇，逻辑连贯，使得读者能够轻松理解其内容。

8.3 点评《保护××市古城建筑讲话稿》

【原文】

保护××市古城建筑讲话稿

古城是历史的见证,是文化的瑰宝,更是民族的骄傲。然而,随着时代的变迁和城市的发展,许多古城逐渐失去了昔日的辉煌,被现代化的建筑替代。如何在保护古城的同时,让其焕发新的生机与活力,成为我们面对的重要课题。

一、保护与修复,文化须传承

古城的保护与修复是一项至关重要的任务。作为历史的见证者,古城记载了中华民族的辉煌历程和灿烂文化,因此,我们要尽全力保留古城的原貌,修复古建筑的破损部分,尽可能地还原其历史风貌。这不仅是对历史的尊重,还是对民族文化的传承。

古城的生态环境是古城生命力的重要保障,我们必须加强对古城周边生态的保护,让古城成为人与自然和谐共生的典范。

二、功能转型,古城新生机

除了保护和修复,古城的转型也是我们需要关注的重要方面。随着城市的发展和人们需求的不断变化,古城的功能需要有相应的转型。

我们可以将古城打造成文化艺术的聚集地,通过建设博物馆、艺术展览馆、文化创意产业园等,吸引更多的人前来参观、学习和交流;也可以将古城打造成旅游景点,开发特色旅游产品,吸引更多的游客前来感受古城的魅力。这样不仅可以满足人们的需求,还可以为城市发展注入新的动力。

三、把握平衡，现代与历史交融

在古城的功能转型过程中，我们要在保留古城历史风貌的基础上，加入现代元素，使其与城市的发展相协调。

例如，我们要注视古城的社区建设。社区是古城的重要组成部分，也是传承古城文化的重要力量。我们既要通过社区活动、文化节庆活动等活动，让居民参与到古城保护中来，增强他们对古城的归属感和责任感；又要通过社区建设，为居民提供更好的居住环境和公共服务，让居民享受现代生活的便利。

四、培养人才，传承千年智慧

我们要通过加强教育让更多的人了解古城的历史和文化，培养他们对古城的热爱和保护意识，并通过举办文化活动、培养文化传承人才等方式，让古城文化得以传承和发展，让更多的人领略到古城文化的独特魅力，从而更好地珍惜和保护这些宝贵的文化遗产。

亲爱的各位领导、同事们，改造古城是充满挑战但也充满希望的事业。让我们共同努力，保护好我们的古城，传承好我们的文化，让古城焕发新的生机与活力，成为我们城市的骄傲和文化的象征。

谢谢大家！

【点评】

1. 立意新颖、有深度

这篇讲话稿以古城保护与修复为主题，展示了对古城保护的重视和对古城发展的思考。

从历史和文化瑰宝的角度出发，这篇讲话稿强调了古城保护的重要性，并提出了保护与修复古城、推动古城转型发展、平衡历史风貌与现代元素、注重社区建设等多个观点，这些观点都是针对古城保护中的现实问题提出的、具有一定的前瞻性和指导性。

2. 逻辑严密、有条理

这篇讲话稿思路清晰，层次分明。

在引言部分引出了古城保护与修复的重要性和现实问题；在问题陈述部分，明确指出了古城逐渐失去辉煌的现状，并提出了保护与修复古城的任务；在解决方案部分，详细阐述了保护古城、推动古城转型发展、平衡历史风貌与现代元素、注重社区建设、传承和发展古城文化等多方面的建议；在总结部分，对整篇讲话稿进行了简洁明了的总结。每个部分都有明确的主题，逻辑严谨，可读性和说服力均较强。

附录 笔记簿

在这里,写下你的学习感悟与行动计划吧!

笔记簿

笔 记 簿